民國人和事

吳相湘　著

三民書局

國家圖書館出版品預行編目資料

民國人和事 / 吳相湘著.－－二版二刷.－－臺北市：
三民，2012
　　面；　公分

　　ISBN 978－957－14－4906－7　（平裝）

　　1.傳記 2.中華民國

782.18　　　　　　　　　　　　　　　96024593

© 　民國人和事

著 作 人	吳相湘
發 行 人	劉振強
著作財產權人	三民書局股份有限公司
發 行 所	三民書局股份有限公司
	地址　臺北市復興北路386號
	電話　(02)25006600
	郵撥帳號　0009998-5
門 市 部	(復北店)臺北市復興北路386號
	(重南店)臺北市重慶南路一段61號
出版日期	初版一刷　1971年12月
	二版一刷　2008年1月
	二版二刷　2012年1月
編 　　號	S 780030

行政院新聞局登記證局版臺業字第○二○○號

有著作權‧不准侵害

ISBN　978-957-14-4906-7　（平裝）

http://www.sanmin.com.tw　三民網路書店
※本書如有缺頁、破損或裝訂錯誤，請寄回本公司更換。

二版說明

一、 人物及歷史故事常常可以啟發智慧，鼓勵向上，提供經驗，
　　 示範品行等等，歸納言之，對世道人心，有所裨益而已。作
　　 者本此宗旨，以民國初年人物及歷史事件為主軸，撰成本書。
二、 歷代人物足供啟發借鏡者甚多，作者選擇民國初年動亂時期
　　 的人物與事件，除鼓勵世人積極奮鬥外，亦有剖析歷史真相
　　 之意。
三、 歷史人物為斷代史片面之一角，為使讀者能了解整個時代，
　　 作者不僅對當時之歷史事實作明晰的敘述，其對後世的影響，
　　 亦有其獨到的見解，有助於讀者了解這些人物與事件在歷史
　　 中的定位。
四、 本書值此二版的機會，特別添加新圖，以達圖文相輔相成之
　　 目的，並增進讀者閱讀樂趣，特此說明。

編輯部謹識

二〇〇七年十二月

民國人和事

目　次

國父的辮子

　　1971 年「開國前後」電視劇播映，引起一般社會人士注意民國史實的興趣，這實在是中華民國建國六十年紀念活動中最有意義的。臺灣電視公司原訂重播這一錄影片，嗣接受讀者建議：再考據有關史實，加以修改後重播。這更是一明智的決定。

　　「開國前後」電視劇播映時，飾演革命黨人的有些留長辮，有些人卻是短髮；尤其國父孫先生「會見」李鴻章時（孫先生並沒有會見過李鴻章，詳見〈國父沒有見過李鴻章〉）是西裝短髮。因此，很多朋友見面都不約而同提出這一個問題：究竟在當時局勢下，應該留長辮？還是可以短髮呢？

　　這是一個「以小見大」的有趣問題。

　　幾千年的國史顯示：每逢改朝換代，服裝的式樣、顏色一定有改變。這不僅是一新耳目，並含有五行終始的政治哲學道理。尤其中原漢族的服裝髮式，和邊疆部族完全不同，如果邊族侵入統治中原，即下令大加改變。孔子所謂如果沒有管仲的抵抗侵略，我們恐怕就已披髮左衽了。南北朝時，避寇南遷的中原士族對統治北方的鮮卑人辮髮似索，更咒罵他們為「索頭虜」。金朝（女真族）入主華北，曾下削髮令（1129 年）：不如式者處死。蒙古滅金後統治中原，更通令全國人民一律強迫辮髮。明太祖朱元璋光復河山，洪武元年（1368 年）下令：衣冠髮式，一如唐制，士民皆以髮束頂，其辮髮、椎髻、胡服、胡言、胡姓，一切禁止。

　　滿清皇朝是女真族，入主中夏，立即強令全國盡行薙髮（頭部前半薙髮，後部留辮），「遲疑者同逆命之寇，必置重罪」。孔子

圖 1: 留辮的孫中山

圖 2: 西裝短髮的孫中山

裔孫為執行孔廟典禮，以新制多不便，呈請蓄髮用先王衣冠，被
譴責。惟以其為孔聖之裔，僅免於死。這比金元兩代對孔裔的待
遇更要嚴格。對一般人民更有「留髮不留頭」的威嚇，但這薙髮
令，只對男子而言，不涉及女子，故民間有「男降女不降」之言。

　　這很明白地說明：在中國歷史上男子髮式和政治關係的密切
與重要。滿清使用這一高壓手段，激起反抗的心理與風潮也很大。
國父孫中山先生所領導的國民革命運動，是許多反清救國行動中
惟一獲得成功的，這主要是由於「先有了一種建設的計劃，然後
去做破壞的事」所致，一切言行絕不是鹵莽絕裂的。

　　現有可靠文獻指稱：中山先生幼年時代，也就是說香山故里、
檀香山旅居、香港求學時代都是留辮的。上李鴻章書時（1894 年
夏）也是如此。正如吳稚暉所云：當時目的是企望李「革新以制
夷」。廖仲愷更言：李「苟可以容納，或不致流血革命」。可見孫
先生主意所在，為求達到這一目的，自然注意到「小不忍則亂大

謀」，絕不會如今人想像竟剪髮西裝，暴露身分，引人注意。何況中山先生自述：1895 年 11 月 17 日，廣州舉義失敗後亡命至日本橫濱，為表示堅強決心並便利旅行，特將頭上辮髮剪去，改著西式短髮，並換著西服。林百克博士撰《孫逸仙傳記》英文本且刊有中山先生初換服裝髮式的照片。

　　1902 年以後，各省選派留學生赴日本或歐洲。時革命風潮已起，1905 年 8 月，中山先生領導組織同盟會，許多留日學生都剪辮髮參加，但也有少數人加盟卻不剪辮，如朱執信即一例子。有人曾多次強迫他剪辮，朱不惜拔出小刀和這些人拼命，並說明必須保留這「豬尾巴」，以便回國行動。1907 年，胡漢民、汪精衛等奉命內渡，都因剪髮而受清吏注意。朱執信則因留辮而安然入廣州，多次活動，大收奇效。廣州「三二九」之役，朱也參加，且因這一辮子而脫險。辛亥革命成功，朱始剪去長辮，一時傳為佳話。國父曾稱譽朱為「革命中的聖人」。（「開國前後」電視劇中飾演朱執信的竟是短平髮無辮，真是無巧不成戲！）

　　中山先生曾譯述美國林肯總統的名言：「民有、民治、民享」，以示中美建國理想目標完全相同。但美國人研究撰述的林肯傳記不下數十種，細微末節都考證精詳，即如林肯的鬍子與一小女孩寄信的關係也記載明晰。中山先生的辮子較之輕重顯然不同，但外國人注意精確的工作態度由此表露無遺，實在值得我們效法。

國父沒有見過李鴻章

「開國前後」電視劇中國父孫先生與李鴻章「會見」一幕，引起許多觀眾的疑問質詢，報紙上也刊載若干討論文字。足見我們生活進入工業社會，人們也逐漸有認真的態度，電視工作自然更應有帶頭作用。

許多朋友詢問：中山先生究竟會見李鴻章沒有？再問：中山先生為什麼要見李鴻章呢？兩人之間有什麼淵源呢？

中山先生本人的著述和演講中，從來沒有提及見過李鴻章。中山先生生前，革命黨人的著述也沒有提到這件事。正確的史實是：中山先生與李鴻章是緣慳一面！甚至中山先生的〈上李鴻章書〉（1894年夏），也是中山先生逝世時（1925年），顧頡剛得陳援菴的指引，才在《萬國公報》第六九、七〇號上發現，錄載於《語絲》第十九期。吳稚暉見了驚奇「這真是一個古董！」因為上距是文刊布已有三十一年！

《萬國公報》於1894年秋刊載是文，標題是「上李傅相書」，下署「廣東香山來稿」。文章開始云：「宮太傅爵中堂鈞座，敬稟者：竊文籍隸粵東，世居香邑，曾於香港考授英國醫士，幼嘗遊學外洋。」全篇只有這一處提及「文」名字，而沒有說明姓孫。幸所記述事實和中山先生自傳及中國革命史等符合，加以陳援菴、顧頡剛的小心求證，於是這一淹沒逾三十年的重要文字才重現於國人眼前。

中山先生之所以上書李鴻章，不僅是因為李是當時直隸總督兼北洋通商大臣、中國新政的推動人，更重要的是李鴻章為中山

先生肄業的香港西醫書院的名譽贊助人，提倡西洋醫學教育最早。

中山先生於 1887 年 1 月，入學新創立的香港西醫書院。在這以前，李鴻章已支持贊助設立天津醫學館，香港英大書院曾按年選送學生北上肄習「洋醫」。香港西醫書院創立的目標是「造就一批經過適當訓練的醫生，即可使目前中華帝國的混亂與黑暗，進為醫術的和現代科學的」。

1889 年，李鴻章接受香港西醫書院的邀請，擔任名譽贊助人。李於其覆書中特別指出：「愚意此醫學當與其姐妹科學之化學，同予注意。非第須了解其如何組合，且須明瞭其如何分析；蓋不如此不足使其於診斷病症及準備醫療上臻於更大之精確也。」「貴（英）國人民悉意從事於實際之研究工作，並以科學原理為基礎，貫注於發明所得，使與其他純滿足於理論上者，大相逕庭，使愚彌為珍視。蓋此種由於永注於科學原理以行診斷之美滿收穫，即足以保證其補救在解剖學及化學純理研究之不足。而其結果，將使智識由黑暗轉為炳耀。天津醫學館即一光耀之例，因其能使西方科學之利益，霑惠於中國醫學之實用也。」

李鴻章在這一覆信中不似流俗之只說「惠我奇方」或說一些恭維客套語，而具體希望注重化學與解剖學等，且強調這種基礎科學，「將使智識由黑暗轉為炳耀」。因此，給予香港西醫書院教職員學生們一非常深刻的印象。1892 年 7 月，這一西醫書院舉行第一屆畢業典禮（孫先生以最優異成績居首）時，教務長康德黎博士致詞，特別讚揚李鴻章這一見解，是欲以啟牖運動的責任加於香港西醫書院。「先予吾人以科學，則一切可隨之而至」，雙方期許之殷切，由此可見。香港總督羅便臣爵士致詞更以「送各位青年入中國中部」：「本書院之一般成效將越過香港小島，而成為大中華帝國之科學輸入之鑰匙」。

這些言詞，自然使中山先生對李鴻章的認識不同於其他人的

膚淺見解。基於這一淵源，中山先生乃於兩年之後上書李鴻章，提出「人盡其材、物盡其用、貨暢其流、地盡其利」四大綱領——現有文獻顯示：「地盡其利」是中山先生在求學時代觀察與實驗的心得。

中山先生本身紀錄中沒有提及在中日甲午戰爭前（1894 年夏）有請見李鴻章的事。民國以後若干筆記說當時某人某人如何安排孫見李終未如願，正如中央黨史會編《國父年譜》所稱：「（孫）先生始終未與李晤，殆為定論」，所謂「先生冒險晤鴻章勸其革命，揆諸當時局勢，恐無此可能」。

國父沒有見到李鴻章

　　1900 年（光緒二十六年）夏，義和團在北方擾亂日益擴大，香港議政局議員何啟（也是香港西醫書院創立人之一）在與香港總督協商後，向《中國日報》社長陳少白建議：興中會與兩廣總督李鴻章合作救國，首先運動李鴻章宣告兩廣獨立，孫中山先生率興中會會員加以輔佐。進行方法：由中國新派人士聯名致書香港總督，請其協助中國根本改造。同時，日本東亞同文會高橋賢等也在廣州會晤李鴻章，知李因義和拳亂極感改革的必要。而李鴻章的幕僚劉學詢深知李對「獨立」計劃殊有興趣，更自告奮勇願藉舊交情誼致函中山先生聯絡一切。

　　中山先生時旅居日本，得陳少白、劉學詢等函電後，極感興奮，即於是年 6 月中，與鄭士良及日人宮崎寅藏等乘輪駛往香港。舟行途中詳細研討未來變化：劉學詢所表達的邀請參加兩廣獨立計劃的真正意向何在？是不是故意表示好感，以免孫先生與康有為合作？並藉此誘害孫先生消滅革命黨以維持廣東的安寧？當時有人提出朝鮮金玉均被誘殺的往事，以為前車之鑑。因此，最後結論：孫先生此時不宜遽去廣州，應先由宮崎寅藏、內田良平、清藤幸七郎作代表前往會晤李，試探其意向。

　　6 月 17 日，孫先生一行抵達香港，一艘自廣州前來迎接孫先生的安瀾號砲艦也同時到來，孫先生按預訂計劃沒有出面，宮崎、內田、清藤三人即迅速轉駁安瀾號駛向廣州。孫先生因香港政府不准登陸禁令限期未滿，故惟有仍留輪上。

　　宮崎等到達廣州，與劉學詢會晤，當即表示：如李鴻章確有

誠意邀約中山先生參加廣東獨立工作，應先實行下列二點：㈠保障孫先生生命的安全。㈡借款六萬圓以作活動費用。劉請示李後，答覆宮崎：一切照辦，惟望孫先生早日前來廣州共策進行。

中山先生原與宮崎等約好：先往西貢，再至新加坡會集熟商後再回香港。7 月 9 日，孫先生抵新加坡，不幸，宮崎等先期到星時因攜帶日本刀被警局捕押。12 日，獲釋後，即與孫先生同輪赴香港。

當孫先生在西貢時，7 月 2 日，香港《德臣西報》刊載孫與李鴻章協商「獨立」事項的新聞。12 日，清廷調李鴻章任直隸總督。13 日，香港總督電倫敦首相報告：孫逸仙將來香港，李鴻章約其合作改造中國。孫原被禁止登陸居留，但如其到香港目的在與李鴻章協商，「則吾人最好不加干涉」。但英國首相著眼世界全局，既注意俄人在東三省的行動，更顧慮李素親俄，今後是否能與英人坦誠合作，因此不同意香港總督拘泥華南一隅的現實觀點。

7 月 16 日，孫先生與宮崎等一行抵達香港。香港政府官員三人登輪來訪。孫先生表示：「我們同黨正努力顛覆北京政府。我們將在中國南部建立一新政府——這一行動，將不會增加現局的紛擾。反之，沒有這一行動，中國將無法改造！」

是月 17 日，李鴻章自廣州乘招商局安平輪離粵北上，經香港時特登岸作官式訪問，勾留一宵，翌日，仍乘安平輪駛往上海。

日本外務省檔案中有是年 7 月 25 日，兵庫縣知事報告一件，有云：「孫逸仙昨乘佐渡丸來，彼對某訪客談：李鴻章途次香港，太守（港督）會見之際，太守表示：清國刻下時局，是兩廣脫離清廷獨立之良好機會。荐孫為顧問，李為主權者，慫恿之。李答：今後視時局趨勢徐徐解決。孫以為港督之言在以兩廣為英國之勢力範圍。」

這是關於 1900 年中山先生與李鴻章會見計劃的翔實記載，有

中、英、日三國官私記載可資考據，很明白地指明：國際力量的支持贊助也沒有能使孫、李會見，真可說是緣慳一面。

國父與容閎

1900 年 7 月 25 日，中山先生自香港返抵日本。看到報載八國聯軍進發京津消息，憂急如焚，決心對華南六省獨立計劃再作進一步策動。8 月 22 日，乃自橫濱乘輪赴上海。

中山先生當時深切認識：東北、華北已被外軍踐踏，保全東南半壁河山是為急務，而國內各革新派如能團結合作，擁戴容閎為首領，與李鴻章及兩江湖廣總督劉坤一、張之洞等相互提攜，以江蘇、廣東、廣西等六省宣布獨立，實行政治改革，作共和政體，逐漸發展，當可延伸勢力至華北，推翻滿清愛新覺羅皇朝，然後十八省聯合，創立東洋大共和國。

中山先生因發現日本友人缺乏堅忍支撐毅力，故堅決拒絕日友的同行，抱定單刀赴會的決心內渡。而日人竟在這時策劃一「祕策」：挑選敢死壯士前往上海、南京、武昌謀殺李鴻章、劉坤一、張之洞，三人中任何一人如被殺死，長江流域必起大亂，革命黨即可乘機起事。但當日人將這一「祕策」於孫先生乘輪經門司時面告後，孫先生即非常強硬表示堅決反對，認為是險著危道：「萬一失敗，君等固自身敗滅，我革命黨亦為之滅亡，千萬不可行！」日人再三勸說，中山先生終不為所動。

這很明顯地說明，革命是順乎天、應乎人的義舉，不是造反擾亂；故意製造紛擾局勢，損傷蒼生元氣國家命脈，是中山先生所不願為的。

8 月 28 日，中山先生抵達上海登岸。這是 1895 年 10 月廣州第一次起義失敗出亡後，第一次重踏祖國故土。不幸，日本報紙

竟刊載其行蹤。加以 8 月 22 日自立軍主角唐才常等在漢口被捕，沿江各地嚴厲搜捕新黨。英國領事勸告孫先生迅速離滬。孫先生乃囑日人平山周與李鴻章幕僚劉學詢接觸，約劉至輪上晤談。據日本外交檔案記載：上海某領事曾勸劉學詢：時機未成熟，宜少活動。而李鴻章之子經芳對於「獨立」則頗多熱心謀劃。是孫先生再一次想與李鴻章會晤合作意願又未能實現。

圖 3：容閎

　9 月 1 日，孫先生乘輪離上海赴日本，航行途中遇見容閎化名「泰西」同舟共濟。這對於中山先生今後的革命工作發生重要影響。

　容閎（1828～1912 年）與孫先生同為廣東香山縣人，1854 年，在耶魯大學畢業，是中國在美國大學獲得學位的第一人。他的生平即是一部中國近代史：身經鴉片戰爭、英法聯軍、太平軍、中日戰爭、八國聯軍、日俄戰爭，以及洋務運動、維新運動、革命運動。與太平天國干王洪仁玕等及曾國藩、李鴻章、康有為、梁啟超等均有直接交往。他曾向曾國藩建議派遣留美學生計劃，今已逾一百年，對中國近代化工作具有極大貢獻。

　孫、容一行沿途及到達日本後均曾竟夕密談，不僅增加雙方互相認識，更對救中國的目標與方案有共同的協議。

　1901 年春，容閎曾來臺北遊歷。1902 年回美國，即以半退休方式訪友及撰述自傳藉消永晝。然祖國之戀無時或釋，國人對他也始終尊敬有加。1903 年 1 月，李紀堂、洪全福準備在廣州起義，即擬舉容閎為臨時政府大總統。

　　容閎對孫先生與康有為的學識道德以及國民革命與保皇立憲均有深刻認識。1909 年，容閎終於揚棄康有為，而以全力支持贊助國民革命。是年冬，孫先生應容閎之邀到美與李荷馬等舉行「長堤會議」，協商向美國朝野覓取道義及物質援助的方式與步驟。這使得孫先生與美國關係從此更進一步。

　　中華民國元年春，孫先生就任臨時大總統，容閎聞訊「大發歡悅之聲」。只以年老不克東歸。其有生之年歷經滄桑，欣見民國肇建，真是有意義的一生。

國父的幽默風趣

吳稚暉形容中山先生是「平凡的偉大」，並且提醒國人不可奉之如神明。但一般人多不能認識這一點。如國父上李鴻章書，其用意在原書內敘述明晰。今人竟有說這是中山先生要「招降」李鴻章，實在太離譜。

中山先生初信仰達爾文進化論，更體認失敗為成功之母的道理，因而建立樂觀奮鬥的人生觀，日常有風趣幽默感，更是支持這種人生觀的主要因素。

中山先生一生最大嗜好是閱讀書報，對於美術圖畫、音樂歌唱很少興趣，而以象棋為消遣。旅行各地，行篋中除書籍衣物外，必攜帶象棋。旅居南洋新加坡晚晴園時，每日晚餐後即與同志對弈——其棋術不甚精，比胡漢民稍遜，較其他人則見強——至深更始輟，日以為常，不見疲倦。這一習慣，至 1919 年居住上海仍舊。

1918、1919 年，國父居上海，是革命環境最艱苦時期，一般革命黨員尤窮困，上書國父請求貸款生活。國父看見這些函件，多以幽默風趣文字批覆。如有云：「代答以先生此月已到在陳（絕糧）之境，現尚想不出出陳之法，萬難照辦。」「答以先生：即知彼為鼻祖，汝為後裔，則當以後裔供祖宗，未有祖宗養後裔也。俗云：十人養一人肥，若一人養千百人，則雖堯舜猶病也。汝等須各執事業以自給，不可立心做革命一日，則要人養汝一世，則鼻祖乃易為也。若人要依賴，則先生願為汝之後裔，奉汝各人為鼻祖，請汝給錢也。」

簡又文記述一位香港關醫生的談話：中山先生在香港西醫書院學生時代即表現出豪俠的、剛直的、活潑的、幽默的品性。蔣夢麟記述 1910 年在美國舊金山與中山先生初次見面就是「很不正式的、很隨便的、極富人情味的」。蔣氏記述：某次，中山先生約蔣及劉成禺等同往江南樓晚餐。大家偶然談到〈燒餅歌〉。中山先生說：劉基（伯溫）所撰一說是靠不住的，實洪秀全時人所造。又連帶講到劉伯溫的故事：一次，明太祖對劉伯溫說：「本來是沿途打劫，那知道弄假成真！」劉說：這話講不得！讓我看看有沒有人竊聽。外面一看，只一小太監。問之，但以手指耳，復指其口，原來是個耳聾口啞的人。於是這個小太監得免於死。

劉成禺撰《先總理舊德錄》，特列〈排調〉一章記中山先生幽默風趣。其中有云：「民國五年，袁世凱死，國人迎先生由日本歸上海，開大會於法租界霞飛路尚賢堂。先生演說曰：袁世凱皇后，元旦受外戚朝賀，皇后不登寶座，搖手曰：皇后不敢當。請皇帝受朝賀。又搖手曰：皇帝不敢當。諸君須知袁家世代簪纓，不曾做過皇帝，便成外行，豈有受朝賀不敢當之禮。此次民國復興，吾願黨人一旦執政，勿作外行之事，如袁皇后不敢當也。雖然，袁皇后不敢當，尚有自行謙遜之意。民國成立以來，黨人妄自尊大，又未免太敢當矣。寧不敢當，不可太敢當，若太敢當，豈非泰山石敢當乎！」風趣幽默語中含嚴正意味，尤可見中山先生用心良苦。

中山先生講民權主義，常說四萬萬人都是皇帝。民國成立後規定廢止前清習用「大人」、「老爺」等稱謂，一律稱「君」，就含有此意。在這以前，中山先生與留日學生聚會，酒酣耳熱之際更常以此為諧語：「在座大半帝王後裔，成禺可名劉漢，小園（李書城）可名李唐，友如（石志泉）只好名石晉，我則吳大帝也。」

1923 年秋，許世英南下謁國父。國父因決定北上。劉成禺記

述中山先生常與許等笑談：「劉成禺之禺訓猴，是母猴，不是公猴。乃吾黨之弼馬溫也」。「若許俊仁（世英）者，亦可通陰陽知去來之六耳獼猴，俊仁與予研究主義學說方略，處處有遠大思想，咀嚼精華，決不是豬八戒吃人參果（許身材矮小面目瘦削，似猴形）。」可見中山先生風趣幽默至老彌篤，樂觀奮鬥精神，值得效法。

新加坡晚晴園

　　1903 年，上海「《蘇報》案」發生，鄒容、章太炎均被拘下獄監禁，國內革命風潮因此大盛，其影響且遠及於南洋。

　　1903 年 8 月，《國民日日報》（這是《蘇報》被查封後，新出的革命報紙，陳獨秀與連橫——《臺灣通史》作者都是撰述人）「中國警聞」專欄有云：「新加坡有華商陳楚楠氏、張永福氏等桃源園集友演說：上海《蘇報》主筆被政府拘捕，現猶禁押於租界。案雖未定，或恐別有變更。致使該主筆諸人落於華官之手。同議聯名於本月十五日五點鐘電達上海英領事，代為竭力保護，以表同種親愛之情云。」

　　這是「華僑為革命之母」的最早紀錄。據陳楚楠自述：「這一張電報效力頗不少，鄒容先烈雖不幸瘐死獄中，但章太炎後來竟能出獄，再做革命的工作。我們發電報營救鄒、章後，又到處宣傳民族革命。我就和張永福兩個人各出一些資本，來組織一間『圖南日報』。」

　　《圖南日報》創刊於 1905 年元旦，同時附贈一別開生面的月份牌（今日新加坡《南洋商報》及《星洲日報》，每年仍按年贈送訂戶一日曆）。在報名上端刊印「忍令上國衣冠淪於塗炭，相率中原豪傑還我河山」。在耶穌紀年之外，仍刊中國陰曆，但在「滿清光緒三十一年」上端加印「暫理皇漢席位」六字，中刊「自由鐘」、「獨立旗」、「同胞國民萬歲萬歲萬歲」長標幟。左右兩邊各有圖案畫，分別嵌有「文字收功日，全球革命潮；開關新世局，書檄布東南」。

圖 4：晚晴園

　　時中山先生正旅居歐洲，而舊友尤列（「四大寇」之一）被聘為《圖南日報》主筆政，故得閱是報後非常興奮。是年夏自歐東歸，經新加坡時乃與陳楚楠、張永福等晤聚。8 月，革命同盟會在日本東京組成。冬，中山先生自日本經西貢再來新加坡。陳、張等乃招待寓居晚晴園。

　　「晚晴園」原為當地一富商子藏嬌金屋，這一嬌娃名「明珍」(Bin Chin)。這一富商子且向歐洲訂製若干家具及餐具，將明珍小影印製其上。其後，這一房屋被張永福購得，家具餐具也仍舊保存。只是易名為「晚晴園」，取「人間愛晚晴」意，且與 Bin Chin 兩字諧音。自中山先生初次寓居於此，組成同盟會分會，以後每次來新加坡，都以此園為旅邸。

　　晚晴園庭園寬廣，頗多花卉，但中山先生不好花卉，亦不喜禽鵲貓狗，旅居此處，接見同志，處理信件，閱讀書刊以外，惟喜象棋。既不吸煙亦不飲酒。喜好當地出產之小寸蕉（比較臺灣香蕉短小）、鳳梨、山竹，而對南洋人士稱作「萬果之王」的榴槤，非常厭惡，以其濃烈臭味沁鼻欲眩，聞之欲嘔。如果按當地人說法：能嚐榴槤的人，就可以在南洋「流連」忘返，長期居留。並

且傳說這一生果與明代「三保太監下西洋」的鄭和還有關聯。

自辛亥革命成功以至對日抗戰,晚晴園幾次換主人。1939 年,陳楚楠、陳占梅、李光前(陳嘉庚女婿)等集款贖回,中央又撥款修理。不幸,日軍南進,星洲淪陷,晚晴園亦無人管理。

1963 年 1 月,筆者至新加坡,特前往參觀這晚晴園。發現年久失修,地板動搖,樓上塵封,許多紀念旗幟亂布地板上。令人驚異。幸國父百年誕辰(1965 年)前夕,當地人士會集捐款大修,並決定由中華總商會負擔常年經費,管理一切。樓上設圖書室,陳列各種書籍報刊。樓下陳列國父革命史蹟照片及日軍佔領新加坡時殉難華人遺物。園中敬立國父銅像——這是自臺北運往,仿南京中山陵石像,如今日臺北外雙溪中山博物院中塑像,但比較小,銅質不佳,日曬雨淋,多處已呈現裂痕。園中又陳列蔡公時烈士戎裝銅像,其大小與人身相等,黃銅製,為當地華僑於 1928 年「五三」濟南慘案後塑造。日軍佔領時,幸經埋藏,未被銷燬。

新加坡觀光協會刊行旅遊手冊,列有晚晴園為歷史名勝,稱之為「孫逸仙別墅」(Sun Yat-Sen's Villa)。意義更顯明,是東南亞歷經戰亂後非常稀見的中國國民革命紀念勝地。

國父聲威震五洲

　　孫中山先生是中華民國國父，更是二十世紀初葉全球五大人傑中的先知先覺。其大名早在 1896 年倫敦蒙難時就已舉世聞名，而印度甘地成名在 1919 年，後於孫二十三年；土耳其凱末爾成名在 1920 年，後於孫二十四年；俄國列寧成名在 1917 年，後於孫二十一年；美國威爾遜成名在 1912 年，後於孫十六年。

　　1896 年（清光緒二十二年）10 月 23 日，孫先生自倫敦清使館出險後，其大名與其蒙難事實，就成為英國各報的重要新聞，美國《紐約時報》及日本東京報紙也詳細刊載。香港報紙也對於這位曾在當地習醫學人物的新聞加以評論讚揚：「他日似未必不為歷史中之重要人物。」是年 12 月 25 日，梁啟超主編的《時務報》也譯載西報消息。翌年 3 月，英國《半月評論》刊載孫先生撰〈中國之現在與未來〉。這是孫先生對世人發布第一次公開宣言，今有英文本，《國父全書》竟未收錄，但在當時卻又經譯為俄文刊載於聖彼得堡出版的《俄羅斯的財富》第五期。這一聲威是甘地、凱末爾、列寧等未曾有的。

　　孫先生撰《倫敦蒙難記》於 1897 年刊行，更獲得世人的同情與尊敬。是年 6 月，日人平山周在上海書店發現這一名著，非常有興趣。這就成為中山先生和平山周、宮崎寅藏等日本志士結識的淵源。

　　中山先生倫敦蒙難時，倫敦清使館與總理衙門間函電來往甚多，但滿清朝廷「上諭」中第一次提到中山先生是光緒二十四年七月初十日（1898 年 8 月 26 日），其中提及廣西各地祕密會黨都

是孫先生黨羽,「軍械火藥,均係孫文接濟」。實則孫先生旅居日本,正在籌劃次一步計劃,並沒有任何行動,而其聲威所播,已使滿清喪膽——時康有為正受「聖主」知遇之恩,「戊戌政變」尚未爆發。

1900 年夏秋,中山先生在香港、上海活動都沒有成功。9 月 25 日,又自日本來臺灣,28 日,抵基隆——這是中山先生第一次腳踏此土,原計在臺北與惠州起義計劃相互配合。嗣因日本政策改變,臺灣總督兒玉源太郎以東京軍部命令出爾反爾,曾電請辭職,也未能挽回。惠州義師久候接濟不至,宣告解散。中山先生亦惟有離開臺灣,11 月 14 日,自基隆到日本門司轉東京。

但中山先生愈戰愈勇,1901 年 3 月 23 日,美國出版的《展望》雜誌即刊載孫先生對一美國記者談話,表示其對「失敗為成功之母」的信念。

1903 年 7 月,上海「《蘇報》案」發生,是內地革命風潮的最高潮。

《蘇報》館主人陳範(夢坡),原為保守分子,是年 5 月,聘章士釗等來館主筆政,完全改變以前作風,大唱「殺人主義」等激烈論調。據章士釗記述:「夢坡持態先後互異一事,勘其原委,似至可哂,特予深知夢坡之為人,憐其愚忠,決不肯輕予譏評。蓋有鎮江錢寶仁,即案中所謂錢允生,曾在張園演說場中,與夢坡相識,尋與夢坡密談,自承為孫中山本人,祕密返國,策動革命,夢坡深信不疑,於是一切革命策略,惟錢寶仁之馬首是瞻,不自違異。其初讀吾論而駭,乃夢坡之本衷,旋改稱恣言無悔,出寶仁之指示。據云:寶仁曾手一小瓶,謂是綠氣,足可抵禦捕役,夢坡已愚陋如此,馴至促成革命史中一轟轟烈烈之事蹟,恍若神差鬼使而為之。又若錢寶仁不騙人,《蘇報》未必有案者然。」章士釗是當事人,其所記述,應屬可信。而其後章士釗又譯述宮

崎寅藏撰《三十三年之夢》為中文，標名「大革命家孫逸仙」，其序文一再曰：「有孫逸仙而中國始可為」；「談興中國者不可脫離孫逸仙三字」。是書對國人認識中山先生行誼，非常重要。兩年之後，中國革命同盟會組織成立，一致擁戴中山先生為革命領袖，其先知先覺的才學識形成聲威震五洲的浩大局勢，實在是主要因素。

《建國方略》與胡適

　　「五四運動」發生時，胡適博士正在上海接待自美前來講學的杜威博士，5 月 12 日，杜威博士與中山先生晚餐談及「知難行易」問題。胡適也曾和蔣夢麟博士同謁中山先生。中山先生曾將《建國方略》贈胡，《孫文學說》出版後，胡也獲贈一冊。

　　中山先生這兩冊書對於胡適，發生重大影響。

　　胡適少年時代肄業的上海中國公學，很多同盟會會員。留美同學宋子文、任鴻雋等又是民國政府公費生，故胡對中山先生革命主義認識已久。留美多年更體認建國應有計劃——《胡適留學日記》1916 年 7 月 20 日有云：「政治要有計劃。中國應定什麼方針，我亦不配高談。總之，須要先行通盤打算，定下立國大計，期於若干年內造多少鐵路，立多少學堂」。基於這一背景，當蔣夢麟在上海協助中山先生擬訂《建國方略》中的「實業計劃」，自然引起胡適高度的興趣，到達上海即與蔣同往謁中山先生。這是胡適第一次謁見中山先生。這次會見對中國現代史的方向極具重要意義。

　　自陳獨秀被捕，李大釗走避，陳李主編的《每周評論》遂於 1919 年 6 月 15 日起由胡適負責。6 月 28 日出版的《每周評論》內容，胡更大加改革，新闢「論說」一欄，且特撰〈歡迎我們的兄弟——星期評論〉。7 月 20 日出版的《每周評論》第三十一號刊載胡適撰〈孫文學說之內容及評論〉一文，一再強調：「《孫文學說》這部書是有正當作用的書，不可把它看作僅僅有政黨作用的書。中山先生又做了一種建國方略，是一種很遠大的計劃。」同

時，胡又提出「多研究些問題，少談些主義」的主張。是年 12 月，胡又於《新青年》雜誌作進一步說明。都是針對李大釗等宣傳「布爾什維克主義」而言。對梁啟超「新學社」主辦的「解放與改造」論調也有批評。

圖 5：　胡適

其時，《建設》雜誌第一卷第一號及第三號先後刊載胡漢民撰〈孟子與社會主義〉及〈中國哲學史之唯物研究〉，一再讚揚「胡適之教授著《中國哲學史大綱》，把前八世紀到前七世紀叫做詩人的時代，很有卓識」，「胡適之說：『孟子的政治學說含有樂利主義，萬無可諱言的』。從大體看來，這話確是不錯」。從此，以文會友，南北呼應。胡適、胡漢民、廖仲愷、朱執信又通信討論古代井田制度有無問題，刊載《建設》雜誌。

1920 年 5 月 4 日，即「五四」一週年紀念，胡適與蔣夢麟聯名發表〈我們對於學生的希望〉：「從今以後要注重課堂裡、操場上、課餘時間裡的學生生活；只有這種學生活動是能持久又最有效的學生運動」。胡、蔣且明白指出「學問的生活」並不限於從前背書、抄講義的生活。希望全國大學中學生注意：㈠注重外國文。㈡注重觀察事實與調查事實。㈢建設的促進學校的改良。㈣注重自修。至於團體生活，如各校學生會、自治會、各校聯合會，應注重世界通行的議會規則。這就是指中山先生的「會議規則」（後改名民權初步，為《建國方略》中之一部分）。

是年 12 月 16 日，陳獨秀應陳炯明之邀請南下，擔任廣東教育委員長。自上海啟行南下時，陳致信胡適：「南方頗傳適之兄與（陶）孟和兄與研究系（梁啟超）接近，且有惡評」。李大釗致胡

適信亦云：「現在我們大學一班人，好像一個處女的地位，交通、研究、政學各系都想勾引我們，勾引不動，就給我們造謠，還有那個國民系看見我們為這些系所垂涎，便不免引起醋意。」事實上，胡適自閱讀《建國方略》、《孫文學說》後，立場顯明堅定，很崇敬中山先生；胡漢民、朱執信等也於《建設》雜誌公開讚揚胡適。而陳獨秀、李大釗致胡適竟故意製造相反謠言。陳到粵後又寄信胡適表示：「我很想你來廣東一遊」。但兩人左右方向已異，只有分道揚鑣。

《星期評論》應運而生

　　1919 年 5 月 4 日，北京學生愛國運動發生後，北洋政府不顧輿論民意，6 月 2 日，下令偏袒曹汝霖、章宗祥，對學生則採取高壓手段，不准集會或演講。各校學生更加憤慨，決定繼續出動，惟強調提倡國貨，不提青島問題及抵制日貨，以避免軍警據為口實。是年 6 月 3 日，學生演講團四出演說，軍警出動步馬隊彈壓驅散，無效，乃採取逮捕學生措施，陸續逮捕學生一千餘人，押往北京大學第三院。保安隊即據守四周門牆，不准學生自由行動，步軍統領王懷慶且對學生耀武揚威，大肆辱罵學生，引起學生反感。王竟令軍警毆打學生，於是風潮更擴大，全國各地學生、商人、工人均起而支援，是為「六三運動」。學生與北洋政府的對立更加表面化。其歷史意義，比較「五四運動」實有過之而無不及。

　　中山先生自「五四運動」發生，即密切加以注意，準備把握有利時機有所行動。「六三運動」後五日，即 6 月 8 日，《星期評論》創刊，是中山先生囑戴季陶、沈玄盧、孫棣三主編，用白話文刊行。同時，上海《民國日報》副刊也改用白話，以便鼓吹。

　　《星期評論》發刊詞，強調說明「我」的重要，以及革命先革心的道理：「我說：我是我的我，一切世界，都從心裡的思想創造出來。這個心原是我一個人的心，卻凡是人都有心，就都有我。合眾我眾心的思想和意識，就是創造或改造世界的根本。」「我生在天地間，離衣食住原不能生活，然而但求生活，不求生趣，縱然生活，也是沒趣。所以一切眾我的生趣，都是我的心應該想著的。」

《星期評論》面對現實，把握實際問題以宣傳革命主義。

北洋政府自「六三運動」後局勢動搖。6 月 10 日，徐世昌辭大總統職，經挽留。乃改變政策：罷免曹汝霖、章宗祥，並不簽對德和約。這是學生愛國運動的大勝利與大收穫。7 月 13 日出版的《星期評論》第六號刊載廖仲愷撰〈三大民權〉——罷官權、複決權、創制權，即強調指出曹、章之被罷免，即罷免權。「不過人家（外國）的是一個法律上、制度上具體的權，我們的是一個偶發的、不規則的民眾的力罷了，要把這民眾的力弄成一個具體的民權，這是我們最大的目的。」

7 月 27 日出版的《星期評論》第八號刊載廖仲愷撰：〈女子解放從那裡做起?〉主張女子自力解放，更是針對「五四運動」以後各地女學生熱心參加愛國運動而發。

10 月 10 日出版的《星期評論》第二十號刊載：廖仲愷撰〈革命繼續的工夫〉一文，特別強調實行三民主義，尤其民生主義中「節制資本」、「平均地權」的重要：「到這個地步，中華民國就是民之所有、民之所治、民之所享的國家，武昌革命，就可以光耀於天下後世了」。

其時，若干社會主義者如無政府主義、共產主義也把握機會，積極宣傳。戴季陶曾於《星期評論》中撰〈國際同盟與勞動問題〉。6 月 22 日出版的《星期評論》又刊載中山先生與戴的談話。中山先生對戴「用溫和的社會思想來指導社會上的多數人」意見，表示同意。並指出：「那些做煽動工夫的人，就拿了一知半解、系統不清的社會共產主義，傳布在無知識的兵士中和工人裡面」，是一種危險：因為「中國的社會思想和生活還沒有發達，人民知識沒有普及，國家的民主建設還沒有基礎的時候，這種不健全的思想，的確是危險」。

翌年（1920 年）1 月，中山先生致書海外同志，更指出：「自

北京大學學生發生五四運動以來，一般愛國青年無不以新思想為將來革新事業之預備……社會遂蒙絕大的影響，雖以頑劣之偽政府，猶且不敢攖其鋒，此種新文化運動在我國今日誠思想界空前之大變動。」「吾黨欲收革命之成功，必有賴於思想之變化，兵法攻心，語言革心，皆此之故。故此種新文化運動實為最有價值之事。」

　　中山先生是先知先覺，「五四運動」以後，迅速把握時機，又多得一註腳。1919 年 10 月 10 日，中山先生改中華革命黨為中國國民黨，更是力圖控制局勢取得領導權一重要行動。

《建設》雜誌倡導近代化

《星期評論》刊行以後，中山先生又指定胡漢民、汪精衛、戴季陶、廖仲愷、朱執信等組織「建設社」主辦《建設》雜誌，1919 年 8 月 1 日創刊。中山先生親撰發刊辭，指出民國成立八年以來，國家地位未能增高，國內猶是官僚舞弊、武人專橫、政客擣亂、人民流離，實由於革命破壞之後不能建設所致，而不明建設之道途尤為主因。故特發行此一月刊，「鼓吹建設之思潮，展明建設之原理，冀廣傳吾黨建設之主義，成為國民之常識，使人人知建設為今日之需要，使人人知建設為易行之事功，由是萬眾一心以赴之，而建設一世界最富強最快樂之國家，為民所有、為民所治、為民所享。」

這在當時是有顯明主張的惟一出版物，由上海亞東圖書館出版，無編稿費。最初銷行約三千份，陸續增加，最高額達一萬三千餘份。

《建設》雜誌對實際問題與理論同時並重，撰稿人均一時之選。中山先生的〈發展實業計劃〉——《建國方略》之一，原用英文撰述，後譯為中文，在《建設》第一卷第一期起刊載。這是將建國計劃具體敷陳，有詳明數目字、精確的圖表，在國史上是空前未有的盛事，對國人是一新耳目。中山先生撰〈地方自治開始實行法〉則刊載於 1920 年出版的《建設》第二卷中。

廖仲愷譯述《全民政治論》、孫科譯述《公意與民治》、胡漢民譯述《瑞士之直接民權》、林雲陔譯述《民主主義為世界平和真基礎》等，都是介紹歐美有關民權的新著，以進一步闡釋民權主

義的原則——事實上，今所通行的三民主義演講本刊行在其後五年，即文言本三民主義當時也還沒有梓行。

　　吳稚暉撰〈海外中國大學末議〉也刊載於這一雜誌。戴季陶撰〈我的日本觀〉、〈從經濟上觀察中國的亂源〉，馬君武撰〈民食問題〉，沈覲鼎撰〈中國茶葉改良私見〉，廖仲愷撰〈錢幣革命與建設〉、〈再論錢幣革命〉諸文都是針對當時中國實際問題提出具體的建設性意見。

　　朱執信是《建設》雜誌主編，撰刊文字尤多，其中如〈民意戰勝金錢武力〉、〈輿論與煽動〉、〈神聖不可侵犯與偶像打破〉、〈兵的改造及其心理〉，更是言人所未言。

　　《建設》創刊之日，中華民國學生聯合會正在上海舉行。8 月5 日，中山先生應邀參加學聯會評議會閉會式，發表演說。稱道「革命以外無能事的革命黨」。「五四運動」主角之一，北大文科學生康白情聆聽之後，特於 8 月 25 日寄信戴季陶有所質疑，並提出「新革命黨」人物應具備：㈠獨立生活的技能。㈡浪漫的質性。㈢貞操（貞固足以幹事）。戴氏特將原信提出與「建設社」同仁討論，然後於第一卷第三號刊載康來信及戴覆信——戴氏覆信中詳細解釋一切。並指明：㈠中國人民全體經濟的生活改善和經濟的機會平等是現在進行目的的理想形式。㈡普遍的新文化運動，是革命進行的方法。㈢智識上思想上的機會均等和各個人理智的自由發展，是新文化運動的真意義。㈣文字及語言之自由的普遍的交通，和交通器具的絕對普及（如注音字母），是造成理智上機會均等的手段。㈤平和的組織的方法及手段，是革命運動的新形式。戴氏並說明這是積極性的意見，而「排除以兵代兵，以官代官那樣的以暴易暴的偽革命」，則是消極性主張。

　　青年學生對中山先生演說，可以提出疑問，這正是朱執信倡導「神聖不可侵犯與偶像打破」的最佳說明。「建設社」同仁虛心

與康白情討論，自然更贏得青年學生的信仰與擁護。正如「五四運動」另一主角傅斯年於 1935 年 4 月《大公報》星期論文中所指出：「記得十七、八年以前，內因袁世凱暴壓後之反動，外因法蘭西一派革命思想和英吉利一派自由主義漸在中國智識界中深入，中國人的思想開始左傾，批評傳統的文學，懷疑傳統的倫理。這風氣在當時的先鋒重心固然是北京，而中山先生在上海創辦《建設》雜誌，實給此運動以絕大的政治動向，我們從他當時所表現的議論中清楚的看出，他是覺得專是一種文化的革命是不足的，必有政治的新生命，中國才能自立；必有政治的新方案，中國才能動轉，中山先生提倡『把中國近代化』之功績是後來中國人所萬不當忘的。」

國父　胡適　陸仲安

　　1892 年，中山先生在香港西醫書院，以最優異成績畢業，應聘在澳門鏡湖醫院工作。這原是當地紳商公立醫局，向用中藥施治貧病，如今又開始在中藥施診之外，兼採西洋醫藥施惠貧民。如中山先生所指陳：「此事有大可注意者一端，則自中國有醫局以來，其主事官紳，對於西醫從未有正式的提倡。有之，自澳門始。」其後，中山先生在廣州東西藥局施診，醫術仁心，不僅口碑載道，更有報紙鳴謝廣告。但當時中山先生改造祖國心理日益迫切，「每日行醫只一二時，而從事革命者實七八時」。1894 年夏季以後，中山先生開始奔走國事，就不再懸壺施診。甚至自身偶有不適，亦往訪當地著名醫生就診，決不自輕用醫藥。1906 年，在新加坡時，革命同志或有請孫先生診治，孫先生必笑答：我的醫術忘記已久，如何可為你們診病！

　　1920 年，《建國方略》刊行後，四川崇寧縣羅仁普上書孫先生，自言「耕讀之暇，研究醫學」；請教先生：「科學家所謂元子者，是否為先天真一之氣？元子之知，有無等級？太極動而生電子，科學家能否把太極收服來看？方士所創之燒煉，究竟到底能否得長生藥？道家燒煉與方士燒煉有無分別？」中山先生當批覆：「代答：欲知此種新理，須從物理化學用功，不得從古說附會。」先生篤信科學由是可見一斑。

　　1923 年秋，中山先生與許世英等同遊韶關南華寺，見六祖肉身，臂肘缺壞。中山先生曰：「此僧立數千年之志、而軀殼可憐。」劉成禺乘機打趣：「先生醫學最高，何不為此僧醫之！」譚延闓因

又笑語：「先生以小兒科著名，慧能非小兒；且陳死之人，又何必醫？」許世英也亦莊亦諧說：「先生主義，起生民而生死肉骨之者也，死者當受其賜。」孫先生曰：「容我改四書兩句！孔子曰：『未知生，焉知死？』予則曰：『未治生，焉治死？』」更可見孫先生之平易近人，故革命黨同志可以醫學為笑語。

　　1914 年冬，中山先生北上途中受風寒刺激引發肝癌，入北京協和醫院。西藥診治，久不見效。1925 年 2 月 12 日，張人傑主張改請中醫治療。時有人荐陸仲安，並說陸曾為胡適治病。李石曾乃往請胡向中山先生進言。胡初以推荐醫生，責任太重，頗有難色。嗣經汪精衛等力言：以挽救先生生命為第一，而孫先生平時對胡甚客氣，換一生人往說，或可採納。胡乃偕陸同往。胡先入臥室進言，先生對胡曰：「適之！你知道我是學西醫的人！」胡說：「不妨一試！服藥與否再由先生決定。」孫夫人乘機急請陸入室，孫先生神情悽惋，伸手供陸把脈而以面向內望。其篤信所學由此可見。

　　自這一事實發生，許多傳說因之流布，近年在臺灣仍甚。民國 1958 年 4 月 12 日，胡適博士曾寄信余序洋君有云：「你看見一本醫書上說：我曾患糖尿病，經陸仲安治好，其藥方為生蓍四兩等。我也曾見此說，也曾收到朋友的信，問我同樣的問題。其實我一生從沒有得過糖尿病，當然沒有陸仲安治癒我的糖尿病的事。陸仲安是一位頗讀古醫方的中醫，我同他頗相熟。曾見他治愈朋友的急性腎臟炎。但我從沒有聽見陸君說他有治糖尿病的方子。造此謠言的中醫，從不問我一聲，也不問陸仲安，竟筆之於書，此事使我甚憤怒！」1960 年 1 月 12 日，胡適博士又為這一傳說寄信劉崎將軍：「我從來沒有患過糖尿病。報紙所傳，全是瞎說。關於我患糖尿病的傳說，最早見於某種中國醫學辭典。我也曾屢次更正，但傳說至今未絕，我也就懶去更正了。隨時更正無稽的傳

說，頗似『與影競走』，永不能斷除的。此次因先生見問，我可能
試再作一次更正。」

　　陸仲安為國父診病，事實俱在，不意一般傳說竟轉而以胡適
博士為主題，雖經多次更正，許多人卻不察事實而歡喜聽信訛傳。
這說明我們一般社會沒有認真態度和是非觀念。這如何能生存於
現代世界呢!

國父與張作霖

俄共、中共利用北吳（佩孚）南陳（炯明）遙相呼應，以求發展。陳炯明既擬謀害中山先生，據有廣東，吳佩孚更有借刀殺人：利用俄人在東三省以破壞張作霖的基礎。因此，中山先生與張作霖聯絡，以打擊這一陰謀，乃極自然的事理發展。惜王鐵漢撰《東北軍事史略》於此語焉不詳。

1922 年 8 月 3 日，東三省保安總司令部參謀長楊宇霆手書寄張繼（溥泉）氏有云：「去今兩載，彼此函電宗旨相同。」可見雙方早在民國十年即多有來往商談。

楊宇霆致張繼手書又有云：「前者我軍以一方面之遲疑，牽動全部，不得已退至榆關，思待中山進贛，整軍再戰，以防孳敵。不料天不我祚，亂機未已，陳炯明滅視同志，忘卻大體，負恩負義，反抗中山，危害統一，誠堪浩嘆。當此時北廷派人先講停戰，繼又言和。我方以西南、東北大勢如斯，不得不先行停戰。俟機反攻」，「孳吳果調張福來援贛，此間決定反攻，牽制南行。無定河邊之戰，東陲人士千秋當不忘也」。

1923 年 1 月，中山先生命滇桂軍討伐陳炯明，克服廣州。楊宇霆因特派楊大實南來上海晉謁中山先生，並上函言：「此次粵局轉環，義軍所向披靡，戰未兼旬，而陳逆逃亡，誠先生德望威力所及，亦足徵公理正義之不滅，彼作武力統一之迷夢者，當有所警惕也。東省軍民政務，極力整頓，以期利國福民。精衛（汪）兩次來奉，曾表示意見：雙方結合，現從主義上精神上作去，各以信義為歸，必可以全始終而負大任。」時沈鴻英乘討陳軍入廣州

又生事變，甘作北洋軍閥鷹犬。中山先生擬即發通電申討吳佩孚。汪精衛以為時機尚未成熟，上函中山先生懇切剖陳：「當今為和平統一之障礙者第一為吳佩孚，當劃討吳為一時代。」「去冬銘赴奉見張（作霖），張明言：今夏五月，準備始完，可與吳戰。是張未嘗無戰吳之決心，亦未嘗不與我先期商略。故通電似不妨再醞釀些時有益無損也。」

圖6：張作霖

其時，中山先生與蘇俄代表越飛在上海晤談後，特將詳情函告張作霖。張覆信有云：「另紙見示與越飛談話情形，提要鈎元，全局在握，老謀深算，佩仰至深。東省接近俄疆，洛吳（佩孚）利其內侵，藉資牽制。今得公燭照機先，預為防制，不特東省免憂後顧，即國家邊局，亦利賴無窮。」

是年11月25日，中山先生特派葉恭綽前往奉天與張作霖商談，並作長函說明一切：「自去年陳炯明聽吳佩孚唆使叛亂於後方，致我北伐之師中途挫折，因而致奉天師旅亦不克掃蕩燕雲，擒斬國賊，良用為憾。失敗而後隻身到滬，猶奮我赤手空拳，與吳賊決鬥。一年以來，屢蒙我公資助，得以收拾餘燼，由閩回師，又得滇軍赴義，川民逐吳，遂將國賊在西南之勢陸續撲滅，而廣州根本之地得以復還，此皆公之大力所玉成也。惟自得廣州之後，殘破之餘，元氣一時難復，而財政之困日以迫人，以致不能速於掃蕩，竟使叛逆尚得負隅東江，為患至今，而吳佩孚齊燮元近日濟以大幫餉彈，逆賊乃得傾巢來犯。旬日以來，石龍不守，廣州

危急。本月十八十九兩日，我軍為背城之戰，幸得將士用命，將敵人主力完全擊破，廣州得轉危為安。從此廣東內部平定可期，而北伐計劃亦可從此施行矣。」

1924 年 9 月，孫科奉中山先生命自上海乘船經大連至瀋陽拜訪張作霖，孫科《八十自述》曾憶述對張的印象：「張作霖個子不高，人也清秀，毫無綠林出身的樣子。他當時每天都派車子來接我去他的辦公室，共進早餐。早餐也總是那些小米高粱等熬成稀飯，很簡單的。吃過以後，他的祕書長就帶著一大堆公文進來，他聽取祕書長的報告後，也馬上用口頭指示，祕書則在一旁記錄。因此，每天一百多宗公文不到一個鐘頭都可處理完畢。顯然他是一個很聰明的人。在他住所的花園裡有個拱門，門上刻了『慎行』兩個字。」時許世英亦銜段祺瑞命南下迎中山先生北上。是年 12 月 4 日，中山先生抵天津，晤見張作霖——據汪精衛報告：張見中山先生後告汪：「我從前以為孫先生是個什麼難說話的人，今日才知道他是一個溫厚君子！」

英國公使的買辦

近六十年，是舊中國演變為新中國的過渡時代，有些舊時代的人物對於新中國的影響，不論良好的或惡劣的，關係都非常重大。曾國藩將學問與事業融合一體，是王陽明以後一人，可說是我們「知行合一」的模範，而其維護舊文化與迎接新知識的原則，既為我們現代所遵循；在其派遣留美學生的政策下所培植的人才，更是中國現代建設的骨幹。李鴻章自稱是曾的「門生長」，是曾氏「薪盡火傳」的繼承者。事實上，李的學問遠不如曾淳樸，又沒有曾的「拙誠」精神，道德操守相形見絀，故李及淮軍表現不能望曾及湘軍項背，對中國現代的影響是負號多於正號。袁世凱在淮軍之後主持新建陸軍工作，可以說是湘軍、淮軍之後第三代，只因袁本人不學而喜權詐，野心超過其學識，不能認識時代，以致身敗名裂，民族國家也受害深重。古人說：德勝於才是君子，才勝於德是小人。今人說：學問為濟世之本，曾、李、袁三人的生平行誼，真是最佳註腳。

袁世凱是河南項城人，1859 年（清咸豐八年）生，自幼因父母的溺愛放縱，形成倔強任性。其後隨嗣父宦遊南北，居處不定，喜虛榮揮霍，不好讀書，親長名師的督責教誨，沒有能改變其根性。兩次參加河南鄉試，均落第。氣憤之餘，盡焚所有書籍，從此經常與少年無賴為伍，無心奮發向上。1881 年夏，往山東登州投依慶軍吳長慶。吳篤念世誼，留其隨營讀書，旋由朱銘盤推介，吳破格委為幫辦營務處，從此治事機警而勤奮。張謇時亦在吳幕，對袁表現頗加欣賞。1882 年，朝鮮發生事變，吳長慶奉命率軍前

圖 7：袁世凱

往平亂，袁世凱正式受任前敵營務差使。

筆者曾往訪韓國、日本，獲見許多國內難得見及的袁世凱史料，其中有若干都是從未印行的官方文書寫本。

1882 年 8 月，袁世凱在天津將出發前夕，與朝鮮金允植晤談，金發現袁當年不過二十四歲，頭髮半白，頗覺驚異。袁當告以「少不喜讀書，留心兵事」。「有志四方，遊歷天下，偶得失血之症，以致早白」。今奉命先行，「欲提勁旅數百，直入京城」。金乘機當面恭維：「正當鄧書麟閣之年，已有潘毛彪斑之歎。髮短心長，壯氣不磨，正復早白，何傷！猶願隨時保嗇，為國自愛。」這是袁世凱發跡之初的稀見直接寫照：意氣豪邁，已可概見。

吳長慶率軍到達朝鮮平亂後，袁與張謇等曾多次與韓國政要晤談。袁表現尤積極，勸韓人應力求自立，勤練精軍數千，最多一萬，「足可使日人永不敢啟鯨吞之心」。「日人之兵正弱於陸戰，我今日所部各軍可盡日人所來之多少而殺之，特有所未必耳。各洋可畏者惟俄，他不足慮也」。很明顯地表現袁對朝鮮處境的認識，同時也顯示：袁不滿於李鴻章對韓的消極政策，體認「朝鮮為中朝（中國）第一大門，大門既失，房門不已危乎？貴邦脫有不測，東北震動……豈不可慮」。

袁基於本身認識，在朝鮮常表現其眼明手快、狡獪機警的作法，積極建立中國在朝鮮的宗主國威望，嚴格控制朝鮮王廷對外對內的言行。朝鮮國王不願忍受，祕密與俄人勾結，期望俄人保護，被袁先期揭破，袁對朝鮮駐美公使的行動，也加以干涉，增

加韓人反感之外，又引起美國的不滿。至於兩次擊敗日本陰謀，
召致日本嫉憤。1885 年春，伊藤博文至天津與李鴻章談判朝鮮問
題時，伊藤即公然提出對袁言行的譴責，李極力堅持不為所動。
袁再至朝鮮，更表現積極態度，對日本庇護親日派首領金玉均的
居留，復有親率敢死士前往日本刺殺意圖。只顧自我表現，不考
慮國際環境的言行類如此。

　　英國在遠東政策是以抵制並排除俄國侵略勢力為主，英人更
素喜用「他人自火中取栗」的間接策略，故對袁在韓言行非常欣
賞與支持，袁對英人的友好態度也心領神會。英人曾勸朝鮮聘英
人練海軍，又勸袁控制朝鮮的借款，可見英人與袁合作無間。日
本朝野因此嫉視袁，稱袁為英國駐華公使的買辦。1915 年，朱邇
典公使謂與袁有三十年交誼，淵源於此。辛亥革命後，英國支持
袁當政，主要因素也在於此。

《袁世凱》胎死腹中

圖 8：溥儀與攝政王載灃

袁世凱因李鴻章的支持，穩固其在朝鮮的權位。甚至中日甲午戰爭爆發後，京師頗多責袁操之過切，李仍始終予以維護。但袁素權詐，見輿論清議不利於李，急投靠李之政敵——光緒帝師傅翁同龢。

1901 年以後，袁出任直隸總督兼北洋通商大臣，掌握其訓練的新建陸軍，權勢赫赫，不下於李鴻章。慈禧亦倚信袁。袁則利用英國公使朱邇典之支持以增強其地位。1908 年 11 月 13 日，慈禧臨危前決定溥儀繼位，其父載灃攝政。袁世凱即囑長子克定轉告朱邇典，徵詢其意見。朱邇典當答以目前似無較此為佳的安排。且表示甚擔心攝政時期過長，年幼皇帝之教育殊值得注意，似宜把握機會，促成改革。翌日，英國外相葛雷覆電朱邇典向袁致謝，並表示希望此一安排不致造成任何紊亂秩序之事件。11 月 16 日，英國駐日本大使竇伯樂電報外相：日本每一小時接到其駐使自北京報告太后及皇帝病況之電訊，現在情勢平靜。袁世凱與鐵良之間已同意為國家利益而隱消其歧見，並恢復友誼關係。

11 月 21 日，朱邇典致電外相報告：攝政王接見外交團，慶

親王與那桐、袁世凱均參加。慶、袁對現局均表支持，但恐懼南方省分有不安。並謂：袁世凱之出現接待外國公使，使謠傳彼已被威嚇處死之說不攻自破。

這些電報，是 1959 年 10 月，筆者在倫敦英國公共檔案局獲見的，充分說明袁世凱與英國的密切關係。1962 年 7 月，筆者又在東京霞關外務省新廈獲閱日本檔案，相互比較，更增興趣。

是年 11 月 18 日，橫濱正金銀行男爵高橋致小村外務大臣，轉陳在北京之小田切萬壽之助電報：袁免官令下，內外驚訝，外國公使館間，同夜深更，館員往來頻繁，其中英國公使館館員東奔西走更亟。袁免官後，翌朝即整行裝赴天津，同夜再返北京。15 日午後即攜眷回故里。京津往復理由，聞係因御史有彈劾其北洋公費私消事件，有所和緩，又恐上諭發下後有被辱可能，故往天津避難。其後，慶親王及世續力保絕無其事，袁乃回京返里。

19 日，駐長沙日本領事報告：訪瞿鴻機，言南省謠言：慶親王幽閉，袁世凱篡立，直隸兵集中北京。又北京官場有擁載灃振繼大統說。

袁世凱之被攝政王免除官職，或有謂是為光緒帝報仇，實皮相之談，主要因素是臥榻之旁不容他人鼾睡。袁在北洋軍政權勢過大，攝政王力求控制局勢，非收兵馬權不可。而袁羽翼已成，不能操之過急，立即置之死地，惟有免官使其回故里休養。斬草不能除根，徒使袁怨憤加甚，三年後終演出逼宮一幕。

袁閒居河南故鄉，日本人在天津經營的「時聞報社」竟用中文刊行佐藤鐵治郎撰《袁世凱》一書。清津海關道蔡紹基即要求日本領事將是書沒收，禁止發行。袁克定在北京亦請伊集院公使禁止。伊集院公使與小幡酉吉初均以是書不過為袁個人履歷之公表，而所敘述事實並不妨礙兩國國交；且值言論暢進之時，對於如此書刊如加殘害，難免招致物議。袁克定當與伊集院公使再三

商談，最後決定由袁出價購買所印冊數，交天津租界日本警署燒毀。

筆者前在東京時，曾自日本外務省檔案獲見此胎死腹中之《袁世凱》。其中對袁創組「自治期成會」，倡導立憲，備加讚揚：「專制國大臣而倡立憲，考世界各國改革歷史，罕有其倫，袁世凱處支那專制政體之下，身為大臣，充最重要之機關，握種種之大權，而又系出漢人，竟不畏滿漢之嫌，及其他各種之障害。」「以一身為怨府，苦心孤詣，為開明專制之預備。」又有云：「袁之外交，為各國所歡迎。今次去位，即為各國所疑慮，其所以疑慮者，恐野蠻舉動復萌，則生命財產又受莫大之危險也。」最後一章標題「袁世凱與古今東西人物之比較」，對梁鼎芬斥袁為劉裕、曹操，謂為比擬不倫，袁「決不能成操裕之謀」，「且不敢作操裕之想」。而讚袁可為俾斯麥或伊藤博文。諸如此類文字太多，在當時政治上可發生正負兩種反響。難怪袁克定亟求銷毀，而日人出版是書的用意也可作好壞兩面想。袁喜權詐，人應之以詭譎，殊不足怪。

〈二十一條〉要求

　　1915 年 5 月 7 日下午三時，日本駐華公使日置益以最後通牒送交北京外交部，要求對日本提出的二十一條件除第五號中各項，日後另行協商外，其餘按修正案「不加以何等之更改，速行允諾」。同日早，日本在北京發行的機關報《順天時報》即已刊出東京特電：日使奉令提最後通牒。並發表「警告中國政府當塗」：「日本帝國誠有忍之無可復忍者矣」。責詰北京政府「將交涉之祕密洩漏於外，致浮言胥動，阻礙交涉。又利用新聞政策及其他各種手段毀傷日本之名譽、損害日本之威嚴」。其橫蠻無理公開威脅態度，正如梁啟超當時論文的標題：「交涉乎命令乎?」

　　在對日抗戰以前，每逢這 5 月 7 日國內各地一定舉行國恥紀念會。1919 年，也預訂 5 月 7 日舉行國民大會，嗣因山東問題情勢迫切，北京學生即於 5 月 4 日遊行示威：這就是著名的「五四運動」。

　　山東問題，是日本向袁世凱提出的〈二十一條〉要求中的第一部分。第二部分是有關南滿洲及東部內蒙古的「優越地位」種種權利的讓與。第三部分有關漢冶萍公司。第四部分要求中國政府允准：沿岸港灣及島嶼概不讓與或租借他國。第五部分性質最嚴重：㈠中央政府聘有力之日本人充政治財政軍事顧問。㈡聘用多數日本人改良中國警察機關，必要地方之警察作為中日合辦。㈢中日合辦軍械廠，或向日本採購中國所需軍械之半數以上。這等於是將中國視作日本保護下的附庸國。

　　日本之所以敢向袁世凱提出這樣無理要求，是利用歐洲大戰

激烈，英、法、俄、德諸國無暇東顧，可以暢所欲為，藉以實現其多年來的大陸急進侵略政策。而袁世凱為求鞏固其政權，不惜將若干權益讓與日本以與日本「不再庇護中國革命黨」作交換條件，尤授人以隙，自然召侮。

1914 年 6 月 23 日，中華革命黨在日本成立。8 月 7 日，日本「在支那臨時代理公使」小幡酉吉以北京政府外長孫寶琦 7 月 17 日節略轉陳東京外務省：「黃興現已赴美，應請貴國政府飭禁不准再回日本，如違禁令，即應拘捕，依法處治。至陳其美一犯如尚逃匿貴國，應請立即拘捕治罪。」「中日邦交日篤，而黃、陳各亂黨竟敢以貴國地方為謀亂本國之根據地，無非自恃有號稱國事犯之資格為之保護，今既明犯貴國刑法，當然失去此種資格，特請貴國政府內重國法外顧邦交，分別懲治禁阻。」兩日以後，曹汝霖又奉袁世凱命往訪小幡，對山東青島事交換意見後，曹云：中國對在日本亡命頗為不安。中國希望對日本十數年來含有政治意味的經濟上大問題，不吝予以解決，希望日本對亡命客斷然處置，以為交換條件。小幡表示：日本已加嚴禁，北京政府不應懷疑，而應注意新加坡、安南方面。曹又舉實例說明要求根絕，並表示：如使亡命客退出日本，則袁將允許日軍在山東登陸攻取青島作交換條件。8 月 21 日，陳其美對中日政府以此為交換條件，極表憤慨。9 月 2 日，日軍在山東龍口登陸。9 日，駐日公使陸宗輿以曹汝霖與小幡談妥的三條件正式遞交東京外務省：「以上三項內酌量實行，則於中國政府此次助日，亦可表示日政府真誠互助之意。」

這些文件所記載的事實，具見於日本外務省檔案，是盟軍佔領時期，美國務院沒有攝製顯微膠片的。三十餘年前，張忠紱教授撰《中華民國外交史》自然無法引用。更不是「五四運動」時代人所能知悉，今有此文獻，證明學生搗毀曹汝霖住宅的確是罪有應得。曹汝霖晚年口述《一生之回憶》中有「五四運動終身留

冤枉」節，嘵嘵強辯，嫁禍他人，實在是顛倒是非。

　　1915 年 1 月 18 日，日本公使日置益向袁世凱面遞〈二十一條〉要求時聲言：中華革命黨與日本政府外之日人關係甚深，中國政府若不允日人之要求，則日本不能阻止中華革命黨擾亂中國。並以危詞恫嚇袁，囑對此要求嚴守祕密，在交換條件同意以後，仍舊用民黨作要挾！而 1 月 22 日，東京《朝日新聞》發布號外，刊載日本對華所提條件。日本當局立即出動大批警察，收回焚銷。但上海、北京、天津各地報紙旋譯載此「可驚可駭之要求內容」。群情憤慨，其後，北京外交部漸以真實內容供給外國記者。但並未因此獲得外國朝野的同情。上引《順天時報》論說竟以此詰責。欺侮輕視，於斯為極。「國必自伐而後人伐，人必自侮而後人侮」。袁世凱自私不顧國家，真是歷史上的罪人。

袁世凱接受日本條件

當日本向袁世凱提出〈二十一條〉要求後，美國駐華公使芮恩施與國務院遠東司司長威廉姆斯，都建議美國政府立即採取有效步驟，以應付遠東的嚴重局勢。主張美國應負堅持使中國公布條件內容的責任，並應和英國取得諒解，藉以箝制日本，而不致使其太走極端。但國務卿卜萊安的態度卻是相反的非常溫和：只向英國建議就此交換意見，也沒有獲得任何具體意見。日本政府由卜萊安前後的照會中已經很清楚的看出：美國決沒有挺身出來干涉的意思。因此，日本對於中國的壓力也與日俱增。

5月6日，美國務卿卜萊安聞知日本正草擬最後通牒並且預備用戰爭作威嚇。乃以個人名義致電日本首相大隈重信，勸他以忍耐精神繼續和中國談判。同時，卜萊安又以總統名義訓令駐華公使轉告中國政府勿走極端。

5月7日中午，卜萊安的電報到達日本政府，沒有改變日本最後通牒的決定，大隈覆電且表示：希望中國能夠接受日本要求。

5月8日午，英國駐華公使朱邇典走訪外交部陸徵祥總長，勸告陸「應力排眾議，負起責任，輔佐（袁）總統，以支危局」；「目前中國情形，至為危險，各國不暇東顧，為目前計，只有忍辱負重，接受要求，以避危機。從此，整軍修政，切實預備，埋頭十年，或可抬頭與日本相見」。「我在中國四十年，與袁總統是三十年交情，不願目睹貴國與袁總統遭此不幸」。是日午後，袁世凱於公府召集黎元洪、徐世昌及各部總長開會，陸徵祥首先將會晤朱邇典情形報告後，經過討論決定簽訂承諾日本條件。袁世凱

圖9: 1915年5月，中日雙方在北京簽訂〈二十一條〉要求

於會中發言:「外部與日使交涉，歷時三月有餘，會議至二十餘次……比初案挽回已多，於我之主權、內政及列國成約，雖尚能保全，然旅大、南滿、安奉之展期，南滿方面之利權損失已巨。我國國力未充，目前尚難以兵戎相見。英朱使關切中國，情殊可感。為權衡利害，而至不得已接受日本通牒之要求，是何等痛心！何等恥辱！無敵國外患國恆亡，經此大難以後，大家務必認此次接受日本要求為奇恥大辱，本臥薪嘗膽之精神，做奮發有為之事業，舉凡軍事、政治、外交、財政，力求刷新，預定計劃，定年限，下決心，群策群力，期達目的，則朱使所謂埋頭十年與日本抬頭相見，或可尚有希望。若事過境遷，因循忘恥，則不特今日屈服奇恥無報復之時，恐十年以後，中國之危險更甚於今日！」

　　這番話，聽來很富刺激。《梁士詒年譜》且記載：袁當時「悲憤陳詞，衣沾涕淚；與會者或怨憤填胸，或神氣慘沮」。似然有一番忍辱負重心情。但《梁士詒年譜》於此緊接記載：會議完畢，眾人皆嗟嘆旁皇，徐世昌則從容出名條數紙，託財政總長周自齊為之安置。周憮然，眾愕然，徐世昌怡然。梁士詒退語周自齊曰：「此二十一條件之所以至也！」梁回寓邸，即命僕工掃除門庭，書聯榜門於首:「入則法家拂士，出則敵國外患。」

北洋官僚的言不顧行，自欺欺人，腐化景象，由是可見一斑。

《梁士詒年譜》中指出：「中日條約成立後，關於南滿、東蒙農工業各點，因張作霖於事實上不同意。始終極少實行。日人多方設法，迄少成效，遂成九一八事件導火線之一。」張作霖是綠林出身，始終能維護國權。1928 年 6 月 4 日，張於北京回瀋陽途中，被日本關東軍預置炸彈炸斃。其在民國史上的評價實高於袁世凱。

袁世凱承認日本條件後，5 月 14 日又密諭告誡百官：「我國官吏積習太深，不肖者竟敢假公濟私，庸謹者亦多玩物喪志，敵國外患，漠不動心，文恬武嬉，幾成風氣，因循敷衍，病在不仁。」言詞如此，而不自悟本身之不能以身作則。

當〈二十一條〉要求談判緊張時（1915 年 4 月），楊度即已迎合袁意旨，發表〈君憲救國論〉。袁特頒親題「曠代逸才」四字橫匾贈給楊。8 月 14 日即上錄袁之密諭後三月，楊發起「籌安會」，積極展開帝制運動。袁之真面目更開始顯露。

「五四運動」的點火人

　　1919年「五四運動」發生，其事實真相與歷史評價如何，因各人觀點立場不同，久無定論。中文著述中更無專書記載這一史實。周策縱博士十餘年前撰刊《五四運動史》英文本，臺北曾有請聶華苓女士譯為中文刊行的擬議，亦未實現。

　　「五四運動」並不是偶然突發，實在是北京大學師生久已不滿北洋軍閥官僚的虐政，尤其反對彼輩與日本的勾結。1918年5月22日，北大學生舉行遊行示威，要求取消中日共同防敵軍事協定，即是鋒芒初露。當時領導人段錫朋等也就是後來「五四運動」的領導人。

　　1919年春，巴黎和會開幕，我國企望收回若干權利。北京、天津各地社會名流王寵惠、林長民、汪大燮、范源濂等特組織國民外交協會，以期喚起國人，注意日軍侵據的山東問題。原已通電各省各界訂於5月7日國恥紀念日舉行國民大會。4月25日，得梁啟超自巴黎來電報告：德國前在山東權益，將由日本繼承，希望國民外交協會警告政府及國民，勿簽對德和約。

　　5月1日晚，林長民乃手撰一〈山東亡矣〉文稿交梁敬錞送北京《晨報》。且應《晨報》總編輯陳博生（後出任中央通訊社總編輯）之請署本名發表。其文有云：「膠州亡矣！山東亡矣！國不國矣！此惡耗前兩日僕即聞之。今得梁任公（啟超）電，乃證實矣。……國亡無日，願合四萬萬民眾誓死圖之。」

　　〈山東亡矣〉短文刊出，久已躍躍欲試的學生讀後更視為「宣告死刑」，立即展開各項活動。5月3日（星期六），北京十三校

學生代表即集合於北京大學第三院，先由北京大學新聞研究會邵君報告巴黎和會中山東問題的經緯，及現時情勢。各校代表發言均慷慨激昂，多數人更痛哭淋漓——日本刊行《小幡酉吉傳》（當時日本駐北京公使）記載這一集會中有一約十六七歲學生痛憤國事，當場擬自殺以驚醒國人。會議決議：參加五月七日舉行的國民大會外，即於翌日（4日）午齊集天安門舉行遊行示威。

「五四運動」即由此發生。正如梁敬錞所稱：林長民撰〈山東亡矣〉一文，實具有點火工作的效用。

5月5日，林長民與王寵惠、汪大燮等具名請求保釋被捕的學生。當時軍人氣勢飛揚，有解散北京大學的傳說。5日，大總統徐世昌召林長民至公府（徐與林父為科舉同年，可說是長輩），頗有責難，並告以7日不可舉行國民大會。6日，林復入公府謁徐表示：國民大會必如期舉行，請令軍警勿加干涉，徐不同意，林回國民外交協會報告，王寵惠、汪大燮等百數十人均主張仍按原訂計劃辦理。林等再往見國務總理。但當晚軍警已將中央公園封鎖，7日，又不准集會。國民外交協會乃將實情通電各省報告。

5月20日，日本駐華公使小幡酉吉向北京政府提出抗議，指稱「此次學潮，自與此文不無關係，應請貴國政府警告林君，加以取締，並限期答覆」。林長民聞訊，立即具呈公府請辭出外交委員會委員職務，辭呈有云：「長民憤於外交之敗，發其愛國之愚……激勵國民，奮鬥圖存，天經地義，不自知其非也。但無加危害於日本人之據，彼日本人絕無可以抗議之理由。且有國在不諱亡，長民措語，未為過甚。」「山東亡矣，國不國矣，長民尚欲日對國民而告之也。若謂職任外交委員，便應結舌於外交失敗之下，此何說也！」特請辭職「俾得束身司法，以全邦交！」風骨嶙嶙，可見當時士氣高揚，固不限於青年學生而已。

林長民旋又發表〈告日本國民書〉，列舉五論點，要求日人反

省。結語有云：「吾國人之對君等，實有不可諱言之痛矣。除極少數之人外，不論階級高下、知識深淺、思想新舊，觀察縱有異同，飲恨幾於一致，經一度事變，便增一分怨毒，毋謂吾人愛國無持久性也。假令事變之生，繼續不已，君等怙過，迄無悛心，相激相盪，終有不堪設想者。」「竟演成萬劫莫復之慘劇，君等在東亞在世界，應負何等責任，願君等深長思之。」語重心長。不幸，忠言逆耳，終演出侵略大戰。

「五四」殉國三烈士

　　「五四運動」發生時，北京軍閥政府採取高壓手段，當學生搗毀曹汝霖住宅後，左翼偵緝隊及便衣軍警趕到，拘捕學生，用粗繩反縛兩手，兩人一聯，押往偵緝隊。途中稍不如意，即用槍柄短棍或手掌擊打。且閉置於偵緝隊木柵中，與盜賊混合，看管極嚴。

　　是日被捕學生共計三十二人，其中北京大學學生二十人，高等師範學生八人，工業學校二人，中國大學一人，匯文大學一人——北大學生中之楊振聲、孫德中、許德珩、江紹原、易克嶷等後均有名於時，楊、許後均任北京大學教授，楊且曾擔任山東大學校長。孫德中在抗戰時任青年軍政治部主任，播遷來臺後任師範大學教授。

圖 10：五四運動北京學生示威行列

　　大總統徐世昌對被捕學生如何處罰，初無成見，但段祺瑞、徐樹錚及曹汝霖、陸宗輿等則主嚴辦。嗣因民氣激昂，名流王寵惠、汪大燮、林長民三人具名請予保釋。北京政府不得不將學生暫予釋放，交法庭訊辦。5 月 10 日，楊振聲等三十二人準時到達法庭，申言今日到庭，乃尊重總統命令，顧全蔡校長信用而來。對於檢察長詢問「是否有人主使」，答覆：「各人具有良心，誰能主使！」偵訊既無結果，楊、孫等三十二人仍返回學校。但旋即具狀向檢察廳正式聲明：「齊集候審者，豈甘受此不平之審訊哉？蓋一以卸校長保釋出署之責任，一以避抗傳不到之惡名。」「今各校長已聯翩辭職，同學又自行檢舉」，「嗣後不論其為傳票為拘票，請合傳十六校學生，某等亦當尾同到廳，靜候訊問，決不能再受非法之提傳」。同時，北京各中等以上學校學生又具呈檢察廳「依法自行投案，靜候處分」。

　　北京學生之有此行動，實由於 5 月 5 日在北大學生段錫朋主持下組成「北京中等以上學校學生聯合會」，決定循法律途徑進行。更議決：各校同時組織護魯（山東）義勇隊，作萬一準備。並組織十人演講團分別在九城內外演說，喚起民眾。同時更明白提出「打消軍閥派勢力」口號，顯示不顧一切以與北洋軍閥奮鬥。

　　「五四運動」的確是學生良心血氣的表現，當時且有學生三人因此而以身殉。

　　北大文預科學生郭欽光，廣東文昌人，在廣州求學時即有慷慨表現。1915 年日本提出〈二十一條〉要求消息傳出，郭於廣州學生集會中演說，激昂憤怒至當場吐血。「五四運動」時，郭奮袂先行，見當局逮捕學生，憤極大痛，又吐血，同學護送至法國醫院，已有不起勢。5 月 7 日，溘然遽逝。年僅二十四歲。

　　清華學校高等科學生徐曰哲，江西吉水人。「五四運動」以後，參加各校學生組織的十人演講團，在北京順治門至西直門一帶演

說山東問題，喚起民眾。酷日奔馳，竟至積勞成疾。5月22日，歿於清華病院，年僅二十。

北京大學畢業生周瑞琦，廣西靈川人，因山東問題，憤而投水自殺，為學生運動後盾。其遺書有云：「『鮮民之生，不如死之久矣。』琦畢業以來，十年不出庭戶，罔知世事。近知和會遽停，外交又大失敗，我真不知死所矣。五中悲憤欲裂，不知所云。青島乃聖人發祥之地，乃吾國華，又用武必要之港。要塞一失，門戶洞開，何以能國？我聞得諸君開會力爭，決一死以作諸君之氣，勉為一語，為諸君及國人告：『此次毋再貽譏五分鐘熱心』是幸。余不多言。瑞琦絕筆。」

按「五分鐘熱心」是日本常用以譏諷中國人的。周君不惜一死以驚醒國人，從此以後，民族思想逐漸深入人心。對日八年抗戰，獲得最後勝利，可說洗雪「五分鐘熱心」的恥辱。

郭、徐、周三君的身殉，國內各地均舉行追悼會，更激起學生的憤慨。5月26日，廣州學界在高等師範（後來擴建為國立中山大學）舉行追悼郭欽光烈士會。生花結成輓聯及橫額：「是為國殤，不愧英雄」、「正氣磅礴」。5月31日，上海學生及工商界在西門公共體育場舉行追悼郭欽光烈士大會。上海學生聯合會會長何葆仁（復旦學生，筆者曾與其共話「五四」史事）主持，北大學生楊鍾健（後成為著名地質學專家）報告郭君生平。北大學生許德珩報告：郭為國而死目的有二：㈠取消中日密約，收回青島。㈡懲辦賣國賊。旋由各女校學生唱追悼歌，其詞有云：「黃河如帶，泰山若礪，大好是中原。商於獻地，督亢呈圖，媚外無心肝。血性男子，愛國健兒，空手挽神州。城狐未除，陳東（東漢太學生名）驟死，一死警千秋。」

三烈士視死如歸，良心血性，固與廣州「三二九」之役七十二烈士不相上下，可惜近人早已忘記他們的姓名和壯烈言行。

全國教育會議

　　每年 7、8 月，各大專學校及中等學校招生考試發榜，為極大多數人關切的大事，可說這是「教育季節」。

　　自北伐完成，全國教育會議先後舉行五次：二次在南京，一次在重慶，二次在臺北。就其決議案性質與其成效及影響論，南京舉行的兩次會議最值得注意。

　　第一次全國教育會議，於 1928 年 5 月 15 日在南京舉行，蔡元培擔任議長，主持會議，致開會詞指出教育方針三要點：㈠提倡科學教育：一方面從事科學上之高深的研究，一方面推廣民眾的科學訓練，俾科學方法得為國內一般社會所運用。㈡養成全國人民勞動的習慣，使勞心者亦出其力以分工農之勞，而勞力者亦可減少工作時間，而得研求學識的機會，人人皆致力於生產事業，人人皆得領略優美的文化。㈢提高全國人民對於藝術的興趣。以養成高尚、純潔、捨己為群的思想。

　　這一會議開會十四日，審查提案成立者有三百三十七案，合併其內容相近尚有一百三十案，對於教育上重要問題幾乎網羅無遺。所有決議案多為近四十餘年中國教育所遵行的方向。例如成立「三民主義教育」名稱，「確立教育方針實行三民主義的建設以立救國大計案」、「教育經費獨立保障」、「寬籌教育經費」、「組織中小學課程標準起草委員會」、「小學不授文言文，初中入學不考文言文」、「積極提倡語體文」、「提倡幼稚教育」、「推行職業教育」、「推廣職業學校畢業生出路」、「擴充學校教育以補救社會教育」、「中等以上學校軍事教育方案」、「改組體育課程提高體育師資」、

「注重國民體育」、「教育須中國化」、「獎勵及提倡藝術教育」、「出版品審查權集中於大學院」等，都是教育方針原則上的重要問題。可以說討論的是「應當如何做」。

　　第二次全國教育會議，於 1930 年 4 月 15 日在南京舉行。是根據二年來的實際經驗，研討上述方針原則「怎樣做才做得通」。企求歸納成其後二十年實施全國教育整個方案。正如教育部長兼議長蔣夢麟所指出：這次會議是一個承先啟後的重要關鍵。出席會議人員計一百二十人，按其資格分類：各省教育廳廳長或代表二十三人；各省指定之縣教育局局長代表十二人；特別市教育局長或代表八人；國立大學校代表十四人；教育專家三十人；中央各院部會代表十九人；教育部總次司長參事十人。這比較在臺北舉行的兩次教育會議「洋洋大觀」，顯然要精簡務實。事實上在會議舉行以前一年，教育部就已設立各種教育方案研討會，約請各科專家詳細研究，擬具方案，如「改進全國教育方案」等，提出會議。分別通過。這些方案實行的成效及影響，今仍存在。

　　第二次全國教育會議注重實施，故決議案大多重實際，如充實國立大學：國立大學教授以專任為原則，絕對禁止甲校專任教員兼乙校教員或重要職員。並規定兼任教員不得超過總數三分之一。提高大學及專科學校學生素質並謀畢業生出路辦法，制訂增派國外留學生辦法等。

　　中等教育，注重提高普通科高中程度，尤注意科學實驗，並「編輯中學科學課外讀物，以增進學生學習科學的興趣」。制訂〈中等學校訓育綱要〉，其中考查大綱「思想」目中特列有「能運用科學方法」、「判斷力如何」、「有無創見？是否肯作較深的研究」。「態度」目列「常有欣悅之表示否」？「情趣」目列一般審查觀念：藝術趣味、做事熱誠、自然欣賞。

　　這次教育會議通過「二十年實現四年義務教育支出預算表」

及「實施國民識字訓練經費概算表」、中等教育、高等教育、社會教育、蒙藏教育的經費概算也列具詳明數字。

會議決議案中有「請教育部速編訂學校適當之樂歌課本，以糾正青年思想，發揚其志氣，俾養成樂觀的人生精神案」，其中指出「流行於學校及社會之誠歌邪曲」如〈毛毛雨〉、〈可憐的秋香〉、〈妹妹我愛你〉，不僅靡靡其音，且卑下其旨。至足沮喪青年志趣，妨害人群心理。可見「樂教」失敗，當時已然，如今為甚。

會議時，有臺灣全島代表吳有容提議實行畢業會考。臺東縣代表陳炳發、吳紹銑、陳仞山三人向教育部請求咨行外交部向日本政府交涉勿干涉臺灣華人教育。當時固未料及第四、第五次全國教育會議竟在臺北舉行。

中國教育之改造

　　近七十年來，我國為革新教育，最初取法日本；民國成立以來，博採歐美各國學制的優點，而頗偏重於效法美制。北伐成功後，李石曾等倡導試行法國的大學區制。經過兩年擾攘，停止試驗，又復舊制。1931 年 5 月，國際聯盟行政院決議，接受中國政府的請求：派遣一考察團東來協助中國教育之改革，並使中外文化易於相互溝通。

　　國聯教育考察團由柏林大學教授、曾任普魯士教育部長的柏克、法蘭西大學教授郎吉梵、倫敦大學教授湯尼、國際文化社社長波內、國際教育電影社代表撒狄等組成，於是年 9 月 30 日抵達上海。北至北平，南至廣州，各重要城市及河北定縣等地均曾親履考察，從事研究中國國家教育之現狀，及中國古代文明所特有之傳統文化；並準備建議最適宜之方案。歷時三年，完成《中國教育之改造》報告書一冊，經國立編譯館譯為中文刊行。戴傳賢於中文譯本序言指出：「此一偉大成績，幾令人疑其非出諸外國人手筆，蓋不獨對於中國之國情有深切之了解，而對於中國之國家民族尤處處顯現其真誠之愛情，與素來明見之外國考查團報告書不同其趣。」

　　這一報告書開宗明義指陳：「中國近代化之自動的進展，必須將一切外國文明，比較研究，不可採納一種，而拒絕其他一切文明也。」「因此種種進展之目標，斷不可在求中國之美化或歐化，而在求中國固有之民族特性與歷史特性之維新耳。」「中國教育家恆持一種理論，謂今日之歐美，實為近代科學發展之結果，故中

國僅須採各國在科學上與專門技術上之設備；其文化程度，即可與歐美並駕齊驅，因中國人民之智力固有足多者也。吾人恆謂此種理論為一種荒謬之主張。近代之科學與專門技術，並不曾產生現在之歐美；反之，歐美人之心理，實產生近代科學與專門技術，並使其達到今日之優越程度。」

這一報告書明白提出說這些話在警告中國教育家，認識了解「中國教育上所發生之根本問題，不在於摹倣，而在於創造與適應」。「新中國必須振作其本身之力量，並從自有之歷史、文獻及一切真屬固有之國粹中抽出材料，以建造一種新文明，此種文明，非美非歐，而為中國之特產」。

對於「教學之精神，尤其關於科學方面」，這一報告書再三反覆指陳：「採用科學訓練，應不僅以科學教本之文字代替昔日課本中之文字，以甲種經院哲學代替乙種經院哲學，而當以今日之方法代替昔日之方法，以今日之精神代替昔日之精神，另開生面，趨向於具體之現實生活，在學校中造成一種解放之風氣，此種風氣即全人類採用實驗方法及實驗科學所表現者。」「中國須使其新近之努力，與其過去所有者聯合，又須從西方科學中採取其具有真正人生價值之特點，及其精神與方法，不可徒採其結果，必如是中國始能藉此維新之種子，以繁殖其固有之文化。」

這一報告書更強調：「建造新中國，既不應蹈復古之故轍，亦不應以摹倣為能事；必也追尋知識之源泉，學習運用此種力量偉大之工具，蓋此種工具，乃由科學方法所代表，而致用於物質與精神之解放者。」

報告書更鄭重指出歷史學、語言學的重要性：「中國必須憑藉本國歷史上之學術，發展固有思想之特性，以研究自然與技術之基礎，同時又不忘中國係因經濟上之需要，故必須採用種種科學與技術；蓋以中國國家，關於批評能力之發展，實最重要也。若

不在學校中闢一歷史批評之路，則中國對於本身在世界歷史上所負之使命，將永遠不能認識。人類決不能因其不顧過去，遂能超越過去，欲求超越過去，惟有承認過去一切在歷史上應有之地位。」

　　報告書對於大學教育更特別提出警告：「中國大學教學之計劃，若不參照中國之實際生活，反參照外國大學教育之情況，則民族文化必致墮落，僅有模倣而無獨創之研究與思想，則其所產生之後一代人才，亦必缺少適當之準備，不能各負其責，以解決中國當前之問題。」語重心長，至今仍舊值得國人注意。

女子教育與女權運動

　　近六十年來，中國最顯著的進步是女子體力智慧的增強和發展，是強種強國的堅實基礎。

　　秋瑾女士（1875～1907 年）是促使這一進步的先驅。1900 年，八國聯軍佔領北京的恥辱，使她毅然奮起，認識「女學不興，種族不強，女權不振，國勢必弱」。欲求男女平等，女子必「當有學問，求自立，不當事事仰給男子」。並且以為「欲興女學、振女權，又必先自放足始」，因創立「天足會」，提倡放腳運動。

　　1904 年 3 月，秋瑾東渡日本留學，結識若干革命黨人，並曾一度回上海見愛國女學創辦人蔡元培。1905 年 8 月，國父組織中國革命同盟會，秋瑾首先加入，並被推為浙江省主盟人。致力革命活動的同時，又常寄信國內，勸導女子多出洋留學，以求自立並合群，旋又在上海創辦《中國女報》，鼓吹婦女解放。

　　1906 年冬，同盟會計劃在國內起義，秋瑾自告奮勇擔任浙江方面工作，乃自上海往紹興。原計與其表兄徐錫麟在安徽起義相呼應。不幸，消息洩露，徐先被捕，秋瑾旋亦慷慨就義。時 1907 年 7 月。

　　秋瑾就義後不一月，何震女士（劉師培之妻）在日本東京創刊《天

圖 11：秋瑾

義報》。據其簡章：以破壞固有之社會，實行人類之平等為宗旨，於提倡女界革命外，兼提倡種族政治經濟諸革命，故曰「天義」。其社說如〈女子復仇論〉等，力言兵權、政權、學權均被剝奪殆盡，言詞憤激。圖片有徐錫麟等遺相，「中國無政府主義發明家老子像」。劉師培曾撰〈無政府主義之平等觀〉、〈社會主義學發達考〉等文。且特介紹吳稚暉在巴黎創辦的《新世紀》——日本曾影印這一《天義報》，雖不完全，較之臺中藏本稍多。

辛亥革命成功，有女子北伐隊組織。1912 年 4 月，上海有「女子參政同盟會」，以「實行男女平等實行參政為宗旨」。其政綱十一項：㈠實行男女權利均等。㈡實行普及女子教育。㈢改良家庭習慣。㈣禁止買賣奴婢。㈤實行一夫一妻制度。㈥禁止無故離婚（但指以後實行自由結婚而言）。㈦提倡女子實業。㈧實行慈善事業。㈨實行強迫放腳。㈩改良女子裝飾。㈪禁止強迫賣娼。規定「民國成年以上之女子，具有普通知識，贊同本會宗旨，由本會會員介紹經審查部認可得為本會會員」。「男界中有贊同本會宗旨輔助本會之進行者得為本會名譽會員」。

其時，臨時政府北遷，袁世凱開始當政，不一年，「二次革命」失敗，北洋軍閥惡政猛於虎，女權運動大受壓抑——1919 年「五四運動」以後，女權運動與女子教育才大有進展。

美國杜威博士的《中國書簡》1919 年 5 月 12 日自上海發信有云：「東方可說是男性文明的一個標準實例，它的問題所在乃是由於婦女們早被認定應該屈服於男性之下。此外，婦女與一切的活動均無關係。我深信：中國今天之所以成為眾矢之的，並不單單是由於宗親觀念或教育背景的影響，而他們每況愈下的體質，普遍政治的腐敗以及公德心的缺乏，實在都是婦女地位低下的結果。」這是一「旁觀者清」的評斷，值得注意。

同年 9 月 25 日，胡適撰〈大學開放女禁的問題〉(《少年中國》

第一卷第四期：婦女問題專號）更明白指出：「現在的女子中學程度太淺了。外國語一層更不注意。」「這是女子學校自己斷絕進大學的路，至是那些教會的女學校，外國語固然很注意，但是國文與科學又多不注意，這也是斷絕入大學的路。依現在的情形看來，即使大學開女禁，收女學生，簡直沒有合格的女學生能享受這種權利！這不是很可怪的現狀嗎?」

　　但自 1920 年 2 月，國立北京大學蔡元培校長決定先招收女生為旁聽生。是年夏正式招收女生。江蘇省王蘭考入北京大學，是中國歷史上跨進國立大學的第一個女人。各地中學女生因此受到鼓勵，程度日見提高，考入各大學女生年有增加。1931 年 9 月教育部統計：國立大學十五所，男生 10,188 人，女生 1,384 人，再加省立大學私立大學合計，全國五十九所大學，男生計 30,347 人，女生計 3,500 人，男女生比例十比一，日後女子教育更有驚人的進步。而女生聲勢逼人，男人竟提出若干院系限制女生的意見。這說明女子教育大有進步，女權運動仍有待發展。

中國革命同盟會

　　1905 年 7 月 28 日，孫逸仙先生、宮崎寅藏在日本東京約晤宋教仁、陳天華等會談，提出進行革命方法以聯絡人才為第一要義，是中國革命同盟會能夠迅速組織成立的重要關鍵。

　　1902 年，孫先生旅居日本時，僅有三四留學生程家檉、秦力山等前往拜訪，多數留學生如吳稚暉自述均以孫先生不是「經生文人」不願與談。1903 年，留日學生抗俄排滿運動表現熱烈，國內負笈東渡學生又與日俱增。孫先生曾囑留日同志注意聯絡。

　　1905 年，孫先生在歐洲與我留學生組織革命團體後，函告日友宮崎寅藏即啟行東來日本——宮崎寅藏乃預作安排，約晤留學生中主要分子。據宋教仁日記《我之歷史》記載：是年 7 月 19 日（即孫先生預訂到達日本橫濱之日），程家檉約其同往宮崎家。宮崎即言：孫逸仙不日將來日本，來時，余當為介紹。又言：「君等生於支那，有好機會好舞臺，君等須好為之。余日本不敢望其肩背，余深恨余之為日本人也。」「孫逸仙所以遲遲未敢起事者以聲名太大，凡一舉足皆為世界所注目，不敢輕於一試，君等將來作事，總以祕密實行為主，毋使虛聲外揚。」「孫逸仙之為人志趣純潔，心地光明，現今東西洋殆無其人焉。」宮崎將孫先生志趣詳告宋教仁，企望孫宋一見如故交，合力革命事業。25 日，宋至程家檉寓得悉孫已到日本，並約期會晤。

　　是月 28 日，孫與宮崎及宋教仁、陳天華在《二十世紀之支那》雜誌社（宋與十餘留日同學創辦）會晤。宋教仁日記記載當時情形有云：「逸仙首問此間同志多少。旋縱談現今大勢及革命方法，

圖 12：中國革命同盟會在東京成立

大概不外聯絡人才一義。」孫言：「中國現在不必憂各國之瓜分，
但憂自己之內訌，此一省欲起事，彼一省亦欲起事，不相聯絡，
各自號召，終必成秦末二十餘國之爭，元末朱、陳、張、明之亂，
此時各國乘而干涉之，則中國必亡無疑矣，故現今之主義，總以
互相聯絡為要。」「方今兩粵之間，民氣強悍，會黨充斥，與清政
府為難者已十餘年，而清兵不能平之，此其破壞之能力已有餘矣，
但其間人才太少，無一稍可有為之人以主持之。若現在有數十百
人者出而聯絡之，主張之，一切破壞之前之建設，破壞之後之建
設，種種方面，件件事情，皆有人以任之，一旦發難，立文明之
政府，天下事從此定矣。」這是孫先生面對新形勢，改變以往聯絡
會黨的主張，轉而著重新知識分子。因惟有聯絡新知識分子才能
致力革命建設工作，而會黨分子卻只能從事破壞工作。

　　當時留日學生中隸屬華興會及光復會的佔多數，且都是領導

人物，孫先生與華興會主幹黃興、宋教仁、陳天華會談後，黃、宋、陳等集議，終決定大團結方式。7月30日，孫先生約集留學生愛國同志七十餘人至東京赤阪區檜町黑龍會，舉行大團結的籌備會。孫先生先演說：革命之理由、革命之形勢、革命之方法。黃興旋宣告：今日開會原所以結會，即請各人簽名。到會人乃分別簽名於一紙。孫先生後布告此會宗旨，再由各人自書誓書，傳授手號。又推舉黃興等八人為起草員擬訂章程。

　　宋教仁、田桐、程家檉等為擴大號召，又積極籌備約集多數留學生歡迎孫先生。8月13日，此一歡迎會於富士見樓舉行，宋教仁主席並致歡迎詞。孫先生演說時，到會留學生已逾七百餘人，而後來者猶絡繹不絕，門外擁擠不通，警吏命閉門，門外人眾不得入，大聲喧譁。宋教仁乃出，攀援至門額上，說明人眾擁擠原由，又開門讓眾人進內。眾人遂大歡呼。宮崎寅藏繼起致詞：「昔年孫君來此，表同情者僅余等數輩耳。中國人則避之惟恐不速，今見諸君寄同情於孫君如此，實堪為中國慶慰。」時會的轉移由此可見。從此多數學生對孫先生認識真切。8月20日，中國革命同盟會正式舉行成立會，為清末新知識分子第一次大團結，共同致力國民革命。六年之後，中華民國就因這些人的努力而肇建。

同盟會中部總會

1911 年（辛亥）7 月 31 日，同盟會中部總會在上海湖州會館舉行成立會，上距廣州「三二九」之役（陽曆 4 月 27 日）約三月，下距武昌起義不過七十日。在革命建國史上實在具有承上啟下非常重要的關鍵。

中部總會主要負責人如譚人鳳、宋教仁、陳其美等大多曾參加廣州「三二九」之役。正如譚人鳳撰〈成立宣言〉所云：「同人等激發於死者之義烈，各有奮心。留港月餘，冀與主事諸公婉商善後補救之策，乃一則以氣鬱身死，一則以事敗心灰，一則蕭處深居不能謀一面。於是群鳥獸散，滿腔熱血，悉付之汪洋泡影中矣。雖然，黨事者，黨人之公責任也。有倚賴性，無責任心，何以對死友於地下？返滬諸同志迫於情之不能自己，於是乎有同盟會中部總會之組織，定名同盟會中部總會者，奉東京本會為主體，認南部分會為友邦，而以中部別之，名義上自可無衝突也。總機關設於上海，取交通便，可以聯絡各省，統籌辦法也。各省設分部，總攬人才，分擔責任，庶無顧此失彼之虞也。機關制取合議，救偏僻，防專制也……舉義必由總部召集，各分會提議，不得懷抱野心，輕於發難，培元氣，養實力也。」很顯明的：這一組織是接受多次武裝起義不成，尤其黃花岡八十餘烈士慘重犧牲的教訓與經驗而成立。

同盟會成立以後，多次武裝起義偏重華南，均未成功。中部總會活動範圍則以華中江淮流域一帶為主。章太炎所謂「還入中原，引江上之勢而合武昌之群黨，未半歲遂以集事」。正說明其作

用與功效。

　　中部總會醞釀組織時，四川、湖南、湖北、廣東四省紳民，反對清廷「鐵道國有政策」的風潮已日趨擴大。清廷下令嚴拿懲辦爭路運動的四川士紳，民心因之益憤激。宋教仁、譚人鳳等乃把握時機積極進行設立湘、鄂、川、皖、陝各省分會。復精心擘劃舉義方策：湖北居中國之中，應首先舉義；惟武昌為四戰之地，糧餉不濟；必須湘川響應，以解上游之困，而為鄂中後援，方可操勝算。又以京漢鐵路為南北交通孔道，清軍易於輸送，故宋教仁計劃：不以武漢為戰爭區域，以防牽動租界而啟外人干涉；擬於武昌起義後即派兵駐守武勝關，使清兵不得南下，以保武漢的安全；並令秦晉繼起出兵截斷京漢路以分敵勢。復恐湖北一動，下流阻塞，將使運輸不利，故擬於南京同時舉義，並封鎖長江口，使清艦隊孤立——黃興對於宋的計劃非常贊成：「能力爭武漢，老謀深算，雖諸葛復生，不能易也。光復之基，即肇於此，何慶如之。」

　　宋教仁原計：運動軍隊、組織幹部、輸送軍火至各地，在在需時，故擬訂 1913 年始行大舉，不意四川爭路風潮演成流血慘劇，局勢益趨緊張。湖北黨人居正等尤躍躍欲試。宋乃計議提前行動：長江上下游及秦晉迅速整備，即於 1911 年 10、11 月間起義。10 月初，宋已訂期西上親往湖北主持。但中部總會根據各方報告，多次集議，又認為長江起義時機未臻成熟，頗有人主張慎重。惟譚人鳳堅持前往武昌。10 月 12 日，譚與居正同輪西上，舟過九江，而武漢起義成功，黎元洪出任都督消息已傳播。

　　武漢情勢既已展開，宋教仁不及趕赴事機，引為終身大憾。即在上海積極補過：一面以文字將革命軍立場喚起國內外的注意，一面努力策進南京等地的響應。旋於 10 月 28 日與黃興同行到達武漢，實地觀察後急函上海陳其美：「此間戰事吃緊，亟望各處響

應，以為牽制北兵之計，否則僅恃鄂兵，與彼硬戰，恐難支也。」11 月 10 日，宋又離漢東下鎮江轉上海，與陳其美等組織聯軍會攻南京。11 月 27 日，漢陽被清軍攻陷，幸 12 月 2 日南京光復，大局乃告穩定，從此南北無大戰鬥，12 月 25 日，中山先生自海外回抵上海，宋教仁積極努力組織中央臨時政府，亦有頭緒。一切雖沒有完全按中部總會原計進行，幸而有此組織為長江革命黨人領導中心，否則武昌起義後，群龍無首的錯亂現象更要加甚。

「三同」關係微妙作用

袁世凱自被免官回河南原籍，隱居養壽園，以漁樵自況，《東方雜誌》曾刊載袁簑衣持釣圖，看似淡泊名利，實則祕密活動從未稍間，故里特設專用電報房，以與外間通消息，發蹤指使，積極進取。1911年（宣統三年辛亥）6月，即武昌起義前約四個月，張謇等至彰德訪袁長談，據同行之劉厚生記載：「一夕之談竟發生極大效用，並已決定清廷之命運。」

武昌起義後，清廷不得不起復袁世凱。袁即採取兩面策略：㈠掌握清廷軍政權以制服滿清皇室。㈡藉和平安撫以鬆懈革命戰志。

1911年11月，袁世凱出任清內閣總理大臣，其兩面策略即正式表面化。

上海等地報紙於袁復出消息，初頗寄以希望，自「講和」傳說甚囂塵上，《申報》即以為「袁氏此次之弄巧成拙，實陷中國於以後永無平安之日」。于右任主持之《民立報》更連續發表〈議和駁謬〉、〈和平解決之殷鑑〉社論，引述法國的前轍與清廷的反覆，慷慨陳詞：「和平解決之終了，即野蠻專制之發端」；「是以如有主張和議者，即為黃帝之罪人」。《申報》旋又著論揭穿「袁之逐滿，藉此以推廣一人之權利，一人之富貴，於中國何與哉?」更大聲疾呼反對和議：「慎勿墮袁賊彀中而留第二次革命之種子!」

其後事實演變，《申報》預言竟不幸而言中：南方革命黨人竟不慎墮入袁彀中，一著棋全敗，連環結不窮，不但留下第二次革命種子，即六十年來擾攘不安，也可說淵源於此。

　　袁世凱為達成其藉和談以鬆懈革命軍戰志的策略，曾運用多種途徑與方法，其中一重要活動，即汪精衛、楊度等組成的「國事共濟會」。

　　袁久已看穿清廷脆弱無能，北洋軍又仍在其本人掌握，轉移政權，並非難事。但如當時人所形容：袁必欲出諸眾人之口，而眾人皆不肯開口。惟有楊度往來於北京彰德，了解袁的主意所在，乃自告奮勇為袁的代言人。適前因刺攝政王而繫獄的汪精衛被赦免釋放，楊、汪前在日本留學時即多有往還，楊更知汪與胡漢民同鄉同學交誼深厚，楊本人與黃興同鄉同學情感尤篤。如此人事關係，貫通南北，大可利用，以旋轉乾坤，遂與汪合組「國事共濟會」。發表意見書，主張即日停戰，舉行臨時國民會議，協議政體，清廷及南軍均應服從其決議，蓋「是否必為君主」，「雖伊（尹）呂（尚）復生，不敢自信」。

　　是年（1911 年）11 月 20 日，清廷資政院開會，討論楊度這一主張，楊的同鄉同學范源濂首先表示贊成國民會議的意見，沒有被多數議員接受。上海《民立報》則發表社論直斥為「無聊之共濟會」：今當革命將告成功之際，「中國為君主為民主，尚欲開議解決耶?」11 月 27 日，清軍攻陷漢陽。29 日，漢口英國領事正式調停革命軍與清軍停戰兩日。12 月 2 日，南京光復，革命軍氣勢大盛。5 日，袁世凱特派唐紹儀為代表南下議和。同日，「國事共濟會」宣布解散。而楊、汪與黃興等電報往返則較前更頻繁，楊、汪南下活動亦越見積極。

　　12 月 9 日，黃興覆電汪轉告楊：「中華民國大統領一位，斷舉項城（袁）無疑」；「惟項城舉事宜速，且須令中國為完全民國，不得令孤兒（宣統帝溥儀）寡婦（隆裕太后）尚擁虛位，萬一遷延不決，恐全國人皆有恨項城之心」。12 月 20 日，南北和會舉行時，唐紹儀對革命軍代表伍廷芳言：楊度曾將此電轉陳袁。「袁氏

謂：此事我不能為，應讓黃興為之。是袁氏亦贊成，不過不能出口耳。」故「今所議者，非反對共和宗旨，但求和平達到之辦法而已。」

唐紹儀是容閎率領第一期赴美留學生，廣東香山縣人，與中山先生同鄉。當袁世凱在朝鮮時即與共事，今出任和會代表，正是袁企圖利用他來溝通南北。在和會上公開說出上錄話語，可見這一政治交易的真相。唐轉述袁世凱語，似乎是謙讓未遑，實則不過是袁的欺世飾詞，因為就在同一日同一地（上海）另一推舉袁為總統的祕密談判又在積極進行中。

中國人很看重同鄉、同學、同事的關係，但可能沒有注意到：這「三同」關係在辛亥革命時所發生的微妙作用，便利了袁世凱的野心，影響了民國的生命和前途。楊度在 1915 年組織「籌安會」為袁帝制活動，可說是和「國事共濟會」前後一轍。

廖宇春南北遊說

　　袁世凱謀取大總統的各種途徑中，廖宇春（少游）的活動，是關係重要的一環。

　　廖宇春，江蘇松江人，北洋陸軍小學堂肄業，旋赴日本，畢業成城學校。回國後，充保定陸軍小學堂教練官兼全堂監督，因此與北洋軍將校頗有淵源。武昌起義後，袁氏父子體認最後問題之解決，必須北洋軍隊完全了解其意旨，甘心作其驅除清室的工具，故必須展開一說服軍隊的工作。1912 年 12 月 2 日，靳雲鵬、廖宇春兩人開始分途活動。據廖撰《新中國武裝解決和平記》及《辛亥革命大事錄》兩書記述：袁克定、段祺瑞始終與聞其事，楊度、朱芾煌亦多有接觸，惟馮國璋不以為然。至廖、靳著手之初即以取得革命軍必舉袁為大總統之文證為大前提。廖自北京經漢口、南京至上海，沿途均有活動。在上海與黃興代表顧忠琛密商，並獲黃授權後，12 月 20 日，顧即與廖簽訂五項協議：㈠確定共和政體。㈡優待清皇室。㈢先推覆清政府者為大總統。㈣南北滿漢軍出力將士各享其應得之優待，並不負戰時害敵之責任。㈤同時組織臨時議會，恢復各地之秩序。

　　廖宇春攜上項文件往漢口面陳段祺瑞（繼馮國璋為清軍主帥），力言「江南民氣激昂，所謂革命狂熱，已達極點，斷難和平解決。以大勢而論，保存君主，南軍必不甘心，勢必仍出於戰。當此民窮財盡，餉源已竭，戰則兩敗俱傷，同歸於盡，能贊成共和，和局自易就緒，又恐北軍不能屈於南軍勢力範圍之下，必有反抗舉動，推舉項城（袁），則民軍之希望可達，北軍之威權不墜，

兩方感情，自能融洽，救時良策，無善於此。」這可以說是廖宇春、
朱芾煌奔走南北的主要見解。

廖宇春向段祺瑞陳述這些意見後，段曾假惺惺故作態曰：項
城（袁）焉肯出此！廖曰：項城只可居於被動地位，而主動者，
則在公耳！「段公意正動，然猶陽以軍人不便干預政治為詞。」（廖
記述原文）廖因作一長函申述一切呈段。當晚再與段長談。段對
廖云：所言誠善。但項城立於最危險之境，不可不慎耳。廖再進
言：「只要我公居於主動地位，項城之厄，不難解也。」段點頭稱
是。廖當即發電上海：「春抵漢，議訂條件，段公極滿意。」

廖宇春旋北上至京師，遍訪袁系要人，與袁克定祕談尤親切。
其記述有云：「芸台（克定）於大局利害，獨具隻眼，曩派朱君芾
煌於武昌運動民軍，朱幾為第一軍（馮國璋）所害。蓋於項城左
右，屢次幾諫，早為所動矣。此次與（孔）文池密計之後，即遣
人四出游說，如張勳、齊耀琳、倪嗣沖等處，皆有專足賫函往勸。」
可見真相。

廖旋往訪馮國璋面陳一切，馮不以共和政體為然。且言：「項
城斷不贊成此舉。」廖曰：「項城居於被動地位，心中已以為然，
特口不能言耳。」馮言：「何以知之？」廖曰：「芸台（袁克定）嘗
為余言，且即不言，觀其屢欲言和，且允北軍退駐百里，皆贊成
共和之明證。」數經辯證，馮最後表示不再拘執己見。

靳雲鵬旋奉段祺瑞命自漢口前線，代表第一軍聯合各軍要求
共和，擬訂三項辦法：㈠運動親貴，由內廷降旨，自行宣布共和。
㈡由各軍聯名要求宣布共和。㈢用武力脅迫要求宣布共和。

靳、廖、孔文池、楊度等分途進行勸說各軍，唐紹儀與伍廷
芳在上海之和議也在討論如何轉移政權於袁之手。清親貴組成宗
社黨亦奮力掙扎，揚言對袁及靳廖均將不利，且有借外兵抵抗之
說。1912 年（民國元年）1 月 24 日，靳廖等遂決行上述第二策，

段祺瑞領銜或單銜通電請清宣統帝迅即退位:「謹率全軍將士入京,與王公剖陳利害。」同時,宗社黨主角良弼又被炸死,於是局勢一瀉千里,清帝遜位。袁世凱當選第二任臨時大總統。

　　袁世凱以廖宇春斡旋有功,特頒給勳三位章,並許以重用。而廖竟將其南北奔走調停之日記,題為《新中國武裝解決和平記》刊行。袁怒廖揭露其祕密不留餘地,沒收其書,不再任用。廖又再刊一《辛亥革命大事錄》。內容與前書多相同,惟隱沒若干當事人而已。徐世昌任大總統時,廖出任安徽煙酒捐局督辦。翌年,又奉任為黑龍江教育廳廳長,辭不就。1924年卒。1926年雙十節,有人撰文刊《上海時報》,深以「世人不知其為當日民國成立之內幕最重要人物」。1961 年,臺北刊行《開國文獻》時,初亦未知廖書,經筆者函告陶希聖,特予輯錄,其言行始又為世人所知悉。

朱芾煌的祕密活動

武昌起義後，中國同盟會會員朱芾煌自日本東京回國，冒險北上至北京訪袁克定。

朱芾煌，四川人，原是上海中國公學學生，與胡適、朱經農、任鴻雋等同班。1908 年，學校發生學生風潮，大多數學生退學，另組一「新中國公學」。年紀較大、經濟充裕的學生都自告奮勇去各省募捐。朱就在這時北上募捐，因而認識袁克定。

辛亥革命，朱芾煌的訪問袁克定，極具政治意義。朱建議袁：㈠除去清攝政王權力。㈡撤免馮國璋兵柄。如果這兩項都能做到，當勸說同盟會推舉袁為大總統。朱且曾為此三次上書袁世凱，勸說不可再使馮國璋以大軍鎮壓革命軍，並損害漢口居民生命財產。同時，朱又暗結刺客謀炸清皇室，以去阻力。刺客之一即朱舊日中國公學同學稅紹聖。

袁父子對朱言行很感興趣，但希望朱能有正式文件保證。是年 11 月下旬，朱冒險南下至武昌說明一切。12 月 2 日，各省都督府代表聯合會在漢口舉行會議，正式決議：「袁世凱如反正，當公舉為臨時大總統。」

其時，馮國璋軍已佔領漢口若干地區，朱芾煌不慎，被馮軍捕獲，朱力說奉袁命南來。袁克定聞訊，立即手書寄馮說明：「朱君芾煌，係弟擅專派赴武昌，良以海軍背叛，我軍四面受敵，英人有意干涉，恐肇瓜分。是以不得不思權宜之計，以定大亂。今早有電諗達記室。朱君生還，如弟之脫死也。」朱乃得自由。袁既獲各省代表聯合會保證，12 月 5 日即派唐紹儀南下議和。從此局

勢急轉直下。

　　有關朱芾煌這些言行，《胡適留學日記》1912 年 12 月 5 日曾有記載：「在叔永（任鴻雋）處讀朱芾煌日記，知南北之統一、清廷之退位、孫（中山）之遜位、袁之被選，數十萬生靈之得免於塗炭，其最大之功臣乃一無名之英雄朱芾煌也。朱君在東京聞革命軍興，乃東渡（當作『歸國』）冒險北上，往來彰德京津之間，三上書於項城（袁世凱），兼說其子克定。克定介紹之於唐紹儀、梁士詒諸人。許項城以總統之位。一面結刺客炸良弼、載澤。任刺良弼者彭君（家珍），功成而死。任刺載澤者三人，其一人為稅紹聖，亦舊日同學也，時汪兆銘已在南京，函電往來，協商統一之策，率成統一之功。朱君曾冒死至武昌報命，途中為北軍所獲，幾死者數次。其所上袁項城書皆痛切洞中利害，宜其動人也。此事可資他日史料，不可不記。」

　　《胡適留學日記》原名《藏暉室箚記》，1939 年，上海亞東圖書館排印發行，時值對日抗戰，流傳不廣，1947 年改由商務印書館刊布，近年臺北有印本。因此，朱芾煌這一祕密活動的記載，1919 年 5 月，新城王氏刊行的《武漢戰紀》（陶廬叢刻之十一），可說是傳世最早的一種。作者署名「野史氏」，不知誰氏？其後，1924 年尚秉和撰刊《辛壬春秋》，頗採用其書記事。

　　令人奇異的是：博洽多聞的李劍農教授於 1930 年撰刊《最近三十年中國政治史》（今改名為《中國近百年政治史》）竟沒有採用《辛壬春秋》諸書，而引據日本齋藤恆記載：「袁知武漢方面民軍的重心，已在黃興，因又曾祕令其子袁克定赴漢陽，與黃有所接洽，隱隱表示共同行動之意。但此時黃興不欲示弱。」這顯然與事實完全不符。民國建國史之亟待根據新史料修纂，由是更可想見。

　　《胡適留學日記》摘錄朱芾煌日記時，稱之為「無名英雄」。

不意 1958 年，胡氏寓居南港時，獲見中央研究院歷史語言研究所藏《毅軍函札》中，有上錄袁克定致馮國璋手函及其他史料，使其在民元所寫「可資他日史料」一條日記居然成為史料。胡氏又云：「最可惜的是我當時沒有時間把朱君的日記鈔存一個副本。這本日記後來仍由任叔永君帶回國去還給朱君了。我是民國六年回國的，在北京時常見著朱君，常勸他把這一段很有重要歷史意義的故事寫出來。但那時朱君正研究佛教的經典，沒有寫個人傳記的興趣。況且因為袁世凱後來背叛了中華民國，背叛了民主政體，朱君自己很懊悔他當年冒大險勸袁家父子的一番苦心竟成了一樁貽患於國家的罪狀！所以他始終沒有印行他的日記，也沒有寫他的自傳。」

劉師培左傾又右傾

　　近七十年來，科學研究發達，交通通訊及印刷術進步非常迅速，新思潮、新知識因大眾傳播工具的進展容易流布，各國好奇騖新的青年目迷五色，時有無所適從之感，若干人且表現兩極端的自我矛盾，甚至走入歧途。這在我民國史上也有很多事例可作殷鑑。劉師培即其中之一。

　　劉師培字申叔，江蘇儀徵人。1902 年中舉。後在上海漸與革命黨人往還。1904 年，因蔡元培之介紹加入光復會，又參加《俄事警聞》報（後改名《警鐘日報》）工作，為《蘇報》、《國民日日報》後宣傳革命一報紙。易名「光漢」表示其排滿決心，復應邀為《國粹學報》撰述，倡導民族主義，影響教育界甚巨。1906 年春，劉與妻何震東渡日本。是年 5 月，劉創辦《復報》。《民報》廣告謂其為姐妹刊，但今比較兩報內容：《復報》氣勢及理論均遠不如《民報》。翌年，何震創刊《天義報》，以破壞固有社會，提倡女界革命及種族政治經濟革命相標榜，但內容平平。

　　劉師培夫婦「左傾」言行，引起日本官方注意。日本外務省檔案中今仍保存當時各方機密報告。如 1907 年 9 月 16 日以次報告：劉光漢、張繼為革命實行手段，延堺利彥、幸德傳次郎等開演講會，劉、張等充分利用日語與日本社會主義者詳細研究解釋。第一次演講會於 9 月 15 日午後一時，假牛込赤城江戶川亭開會，幸德傳次郎主講，中國留學生五十餘人。第二次於 10 月 7 日同地舉行，山川均演講無政府主義及共產主義。第三次於 11 月 25 日同地舉行，留學生一百餘人參加，大杉榮演說社會主義種種派別

及俄、法、德各國活動情形，並謂：「今歐洲小國割據，故騷亂不絕，如結合成歐洲聯邦，可免戰禍。我等東洋關係亦宜組東洋聯邦、美洲聯邦。此三大聯邦親密交際。騷亂絕跡，國民得救。」其後繼續集會，大杉榮再三強調「東洋聯邦」。日警乃跟蹤張繼等，並指其違犯治安。張不得安居，往法國。劉師培仍留日本，1908年10月，劉妻何震之《天義報》停止發行，劉師培另刊《衡報》第一號，以俄國共產主義為最高理想，科學運用，期於永遠為宗旨，日本警察認為觸犯新聞紙條例。劉極感煩悶。10月15日往清留學生監督田吳炤處，抗議日本政府的不當：「介紹歐美社會主義於中國，喚起國人知識，於日本治安何妨？」

劉師培的「左傾」，竟不幸墮入圈套：日人利用社會黨員以偵察中國革命分子。劉、何發布報刊，既不能行。徬徨無路，即被銀彈攻勢所中，竟作一百八十度大轉變，接受兩江總督端方金錢，1908年冬回國供其驅使。劉曾手書留日革命黨人情況祕密報告端方，對於孫先生、黃興、宋教仁等言行個性分析說明甚詳。1934年，天津《大公報》、《史地周刊》曾登載這一文件。

劉師培投靠清吏轉向「右傾」，上書端方力言「正人心息學說」「必自振興國學始」，請求設立兩江存古學堂，招生八十名，二年畢業，以擔任新設學校國學教員。

劉師培右傾時仍極力掩飾，且繼續與江南革命黨人來往。1909年，陳其美、王金發等在上海祕密圖謀江浙起義。時劉師培逆跡尚未顯著，故開會時常出席，得聞機密，旋將黨人動態報告端方。端方即命上海道向租界交涉查抄革命機關。陳其美適外出，褚輔成等易工人服走脫，僅張恭一人被捕，黨人計劃因此被迫中止。王金發偵知為劉師培所為，責其變節賣友，怒罵以槍對付，劉跪地乞命，願以一己生命保全張恭。

1911年夏，同盟會中部總會成立，發布宣言，其中指責劉師

培為「客犬」（清吏走狗）。武昌起義成功後，劉師培深恐黨人追究，閉門不出。袁世凱進行帝制運動時，劉為「六君子」之一。一再變節，國人唾棄。民國二十年頃逝世。有人輯其文字為《劉申叔先生遺書》，今臺北有影印本。人或稱之為「國學大師」。實則言國學即中國文化，「忠」、「義」不僅為讀書人所應遵守力行，一般社會人士尤重忠義。觀劉師培生平，真令人有「文人無行」及「禮失求諸野」之感。

章太炎自稱瘋顛

　　章炳麟（1869～1936 年），原名學乘，字枚叔，別號太炎。
今人尊稱為國學大師，章則公開演說自承瘋顛。惟其瘋顛，所以
革命。一生七次被追捕，三次入牢獄，而革命之志，終不屈撓。

　　章太炎年二十三歲，從德清俞樾學，對《通典》用力最勤。
於經學古今師說，私淑劉歆。而康有為著《新學偽經考》，專與劉
歆為敵。章對康卻無成見，康公車上書著名，又倡組強學會，章
也曾捐款贊助。1896 年，梁啟超創《時務報》於上海，章應邀撰
述，曾撰〈論亞洲宜自為唇齒〉、〈論學會有大益於黃人亟宜保護〉
諸文。1898 年，章與曾廣銓譯《斯賓塞爾文集》及《書漢以來革
政之獄》等篇。後均未收入章氏叢書中。

　　戊戌維新（1898 年）時，新學初
興，一二政論家竟以算術物理與政事
併為一談。章每立異，說明技與政不
是一術，梁啟超等於此均未曾研習，
而好援引其術語以附政論，不過是科
舉新樣。章且以不去滿洲，則改政變
法均為虛語。從此，章與康、梁宗旨
漸分，但因梁仍時言革命，四年之後
才分道揚鑣。

　　戊戌政變發生，言新學的人都懼
株連，章亦避難來臺灣。居留半年，
1899 年 6 月，轉往日本。在梁啟超寓

圖 13：章太炎

所得見孫逸仙先生，未多交談。1900 年，章在上海剪去髮辮，表示與清廷斷絕。1902 年，章再東渡日本，因秦力山引介往橫濱見孫先生，章自定年譜記當時事有云:「逸仙導余入中和堂，奏軍樂，延義眾百餘人會飲，酒酣極歡，自是始定交。」孫、章在東京橫濱多次會談，討論平均地權問題。1904 年，章刊行《訄書》中有〈定版籍〉，就是孫章討論的紀錄（今人論平均地權，以章氏叢書中之〈檢論〉是〈定版籍〉一文，推定孫章會談在 1907 年以前，實在應根據《訄書》作 1902 年）。

　　1902 年春，章以為欲鼓吹種族革命，非先振起國人的歷史觀念不可。明崇禎殉國忌辰即屆，如舉行大規模紀念會，足可喚起留學生。因與秦力山、馮自由、唐蟒等發起「支那亡國二百四十二年紀念會」。訂 4 月 27 日舉行。刊布啟事分送留日學生: ㈠無論官商士庶，凡屬漢種皆可入會，和（日本）人有贊成者待以來賓之禮。㈡每歲開設二次，會期臨時擇定，要以 4 月 9 日為限——當這一啟事交郵分送時，即被日本官方查扣一份，呈外務省。清廷駐使也至日外務省要求禁止集會。因之，屆時未得舉行紀念會，孫先生與華僑十餘人自橫濱來參加，亦空勞往返。

　　1903 年春，章在上海《蘇報》撰文，言詞激烈，呼光緒帝為「載湉小丑」引起清吏注意。6 月 30 日，章被捕。《革命軍》著者鄒容且向上海巡捕房自首，與章同繫獄。

　　《蘇報》案發生，國人注意，南洋華僑也集會通電為章、鄒支援，革命風潮的擴大推展，這是一重要關鍵。但章太炎與吳稚暉卻因此結下不解的怨恨，對革命事業發生一些不良影響。

　　1906 年 6 月 29 日，章出獄。同盟會早派人前往上海候迎。即夕登輪東渡。7 月 15 日，留日學生二千餘人集會錦輝館歡迎章。時正雨，多數學生未得入，立館門外淋雨，無憖容。胡漢民曾用「民意」筆名記其盛況刊《民報》第六號，且將章演說詞刊於同

期《民報》卷首。

章在當日演說有云：「兄弟少小的時候，因讀蔣氏《東華錄》，其中有戴名世、曾靜、查嗣庭諸人的案子，便就胸中發憤，覺得異種亂華，是我們心中第一恨事，後來讀鄭所南、王船山的書，全是那些保衛漢種的話，民族思想，漸漸發達。甲午以後，略看東西各國的書籍，才有學理收拾進來。對著朋友說這逐滿獨立的話，總是搖頭，也有說是瘋顛的，也有說是叛逆的，也有說是自取殺身之禍的，但兄弟是憑他說個瘋顛，我還守我瘋顛的念頭。壬寅（1902年）春天，來到日本，見著（孫）中山。那時留學諸公在中山那邊往來，可稱志同道合的不過一二個人，其餘偶然來往的，總是覺得中山奇怪，要來看看古董，並沒有熱心救漢的心思。暗想我這瘋顛的希望，畢竟是難遂了，就想披起袈裟，做個和尚，不與那學界政界的人再通問訊。不料監禁三年以後，再到此地，留學界中助我張目的人較從前增加百倍，才曉得人心進化，是實有的。」章再三強調：「兄弟卻承認我是瘋顛，我是神經病。」自輕鬆語調說出個人革命思想由來，確是難能可貴。

共和黨與章太炎

中華民國建立之初，若干知識分子都熱心參加國政，更嚮往美國民主政治。1912 年 8 月，中國革命同盟會擴大改組為政黨時，原擬用民主黨，即取法美國，後決定用國民黨，涵義更廣。而另一大政黨則取名共和黨。先師孟心史（森）教授即為這一共和黨核心人物。

共和黨由下列五政團合併而成：㈠統一黨，即前中華民國聯合會，張謇、章太炎等為主幹。㈡民社，即武昌起義諸人。武漢舊有共進會，光復後，孫武、張振武、劉成禺等組織政黨，擁黎元洪為領袖。㈢國民協進會，乃黃河以北最初發生之政黨，徐謙等主幹。㈣民國公會，為長江一帶革命團體之光復會中穩健分子及其他政客學人所組織。㈤國民黨，為江浙間樸學士人，素昔從事教育及地方公益者。綜合這五政團人士可說是精美優良分子，佔大多數，且純為民黨性質。其中若干主幹認識：共和國政治的中樞在政黨，政黨的宗旨在國利民福，一黨專制，小黨分歧，均為不當。中國自光復以來，政黨林立，尤屬非是，如能將樹義穩健、黨綱無所牴牾的政黨互相合併，期以強固的勢力共謀健全的政治，必可利國利民。1912 年 4 月 15 日，這些人士於上海商學公會開第一次會議，有七政團代表出席。統一黨代表：孟森、黃雲鵬。國民協會代表：張嘉璈（公權）、張國淦。嗣以理事問題，共和討論會、國民協進會未參加。5 月 9 日，共和黨成立大會在上海張園舉行。張謇主席致詞有云：章太炎入都時，曾以合併之事相託。在太炎未北上之先，已議決有大致；太炎去時又承其委

託續議。當以黨義政綱為前提，審無違異。5月29日，共和黨本部在北京成立，章太炎忽生異議，別以統一黨中北京少數黨員，自謀獨立。黨本部因致信太炎：「倘先生深念取決多數，實為政黨原則，曲察同人種種苦衷，均為鞏固根本尊重法律起見，捐棄芥蒂，取消前此告絕之語，惠然就職，以回復先生贊同吾黨之本意。」

是年6月23日，共和黨在北京舉行第一次本部大會，理事長黎元洪委孫武代理。即席致詞有云：「現時為混合政府時代，無論其所為是否盡當於人心，然為維持大局計，萬不宜過於督責，以墮當事者之銳氣。使人人各挾黨見而對於政府肆其劇烈之攻擊，則此中央新立之機關將無一日得以自存。」理事熊希齡致詞更明白申言：「我黨係由五大政黨所合併，而外間不察，有疑其專為對待某黨而起者，甚至因疑我黨，而政界風潮日益激烈。不知本黨宗旨主持正大，即如前次唐總理（紹儀）與本黨黨員及各報衝突時，臨時政府幾致動搖。希齡在參議員討論會中一再切陳我黨深念時艱，一致保護政府。抑各國政黨發揚黨綱首以指導國民為事，其握政權與否，殊所不計。希齡置身政界略有經歷而後深信其說之不謬。故今日吾黨欲發揚黨綱，其途甚多，決不必呸呸於接近政權，啟躁進之嫌。」

共和黨黨義計三條：㈠保持全國統一，取國家主義。㈡以國家權力，扶助國民進步。㈢應世界大勢，以平和實利立國。比較中山先生於中國同盟會成立時標示的三民主義大有距離。

其時各政黨尚未有「組織部」、「宣傳部」，均稱「交通部」。共和黨報告書中說明：政黨作用全在本部與支部之消息相通，民國交通機關尚未完全發達，故北京本部特依規約設上海、漢口、天津交通事務所；㈠招致本黨黨員。㈡整理本黨事業。㈢募集本黨基金。㈣鼓吹本黨黨義。先師孟森先生時任上海交通事務所主任幹事。

　　《共和黨第一次報告書》（1912 年 8 月印行）刊有黨員名冊，
其中有吳稚暉、王正廷、柳棄疾、徐天復、嚴修、徐炳昶、黃侃、
馬裕藻、許壽裳、王揖唐、徐紹楨、張一麐、吳鼎昌、熊希齡、
蔣百里、陳介、徐樹錚、程家檉、柏文蔚等，在民國政治、學術
界均屬知名之士。

鈔票的行使

　　如果就歷史掌故來說：鈔票的應用，中國是最早的。《周禮》記載：「里布」廣二寸，長二尺。以為幣。似乎上古時代就有之。不論這一說法真實性如何，宋代行交子、會子，金元明三朝都行鈔法，在世界史上已可說是很早紀錄。

　　貨幣之有大小金銀銅，係以輕重貴賤相權，鈔幣之與銀錢，是以虛實相權。輕重貴賤及虛實之相權，必正相準，乃可通行天下而無滯。苟不相當，則窒礙難行，這一自然道理，不是權力所可相強。明末，女真、流寇內外夾攻，財政困竭，有挾大明寶鈔數千串，而時值不過數十錢，即為一例。清初，順治鈔貫又漸建立信用，咸豐時之銀錢鈔票，有官銀錢號為收放兌換機關，則已近銀行兌換券性質。自後各省官商銀錢行號往往發行紙票，都以行號為主體，推行只及一省或一城。一切規章都是本國傳統習慣。

　　1904 年（清光緒三十年），戶部奏准設立銀行，為推行幣制的樞紐。1905 年 2 月，彭述奏請仿西法發行銀行鈔票：按各國銀行通例，按照鈔票發行數目，至少須儲現款十分之三，名曰現金準備。其餘即以所購公債票及各項產業為抵，名曰保證準備。經戶部奏准。1906 年 4 月，戶部銀行即委託商務印書館印造紙幣。冬十月，印成銀圓票、銀兩票各若干。銀圓票分一圓、五圓、十圓三種，銀兩票分庫平銀一百兩、五十兩、十兩、五兩、一兩五種。

　　其時，幣制紛紜不一：銀兩之平色，銀圓之種類，各地方至不相同。戶部銀行之紙幣，亦隨總分行所在地的習慣而變通，銀

圓票註明：某處通用銀圓數字於其上，即係某處通用的大銀圓。
營口、奉天、長春、太原等處習用小銀圓，以角計算，各該地戶
部銀行分行之銀圓票，即註明若干角或小毫洋數字，福州廈門等
處習用番銀，其通行銀圓票即註明：每圓照番銀七錢兌。

　　1908 年，戶部已改名度支部，戶部銀行因亦改名大清銀行。
至行使市面之鈔票，一時未能印出新票，舊票仍照舊使用。1909 年
（宣統元年），委託美國紙幣公司印造鋼版銀圓票一百萬張，分一
圓、五圓、十圓、五十圓、百圓五種。宣統三年五月，度支部奏
定兌換紙幣則例，發行兌換，統歸大清銀行管理，以圖紙幣之統
一，但未果行。

　　當清廷發行鈔票，外國駐華公使對其擔保，竟向清外務部致
照會質疑。1908 年 11 月，英、美兩國公使以大清銀行及其他各
銀行發行紙幣，中國政府是否擔保為言。1910 年 2 月，德國公使
又照會質詢大清銀行鈔票準備。度支部咨由外務部轉覆德使：「大
清銀行係官商合辦，由本部管理，本部隨時派員稽查，信用頗稱
穩固。所發行通用銀票，其準備金亦屬充足，決不致有所危險。」
這是外國經濟侵略政策表現的一端。

　　1912 年 1 月，大清銀行商股聯合會呈請孫大總統核准：將大
清銀行改組為中國銀行，並認為民國政府之中央銀行，派吳鼎昌
為監督，2 月 5 日，吳蒞中國銀行，開始營業。袁世凱繼任後，
商股聯合會又電請維持原案，復無異議，又核准各地大清銀行一
律改為中國銀行。8 月，北京總行開始營業，通用鈔票暫用大清
銀行舊票。

　　1913 年 4 月，國會通過《中國銀行則例》，股本總額六千萬
圓，官商各半，政府先交五分之一，至是年冬，始交足兩百九十
二萬零五百八十七圓一角五分。翌年，財政部撥六釐公債一千萬
折作現金，始湊足官股一千萬圓。時鈔票並未能推廣：一因各省

紙幣太濫，供過於求。二因國庫未能統一無法操縱。三因幣制未能劃一阻礙橫生。

交通銀行創立於 1907 年（光緒三十三年）11 月，曾發行兌換券。1913 年，另印新鈔，收回舊票。1916 年，奉明令與中國銀行同為國家銀行，均享有發行兌換券之特權。

浙江興業銀行與交通銀行，在清季同時發行鈔票。流通各埠，信用極佳。1915 年，改與中國銀行訂立特約，收回前所發行之紙幣，領用中國銀行鈔票，代為發票。這是 1930 年代所謂「小四行」之一，與中央、中國、交通、農民「四大行」同有名於時。

圖 14：光緒三十三年成立的交通銀行，圖為北京分行大庫內部

錢幣革命

　　武昌起義後二日，清陸軍大臣廕昌奉命南下「平亂」。10 月 13 日，廕昌率高級幕僚自北京前門車站出發。正登車時，站長忽報郵傳部大臣盛宣懷前來送行，並有要事面商。因之，歡送軍號吹而復止。盛宣懷至站登車，持漢陽地圖一紙，請廕昌下令：全軍攻漢陽時，如漢陽鐵廠少受損失，即賞銀十萬圓。廕昌笑頷之。盛宣懷即下車至月臺向車窗高聲曰：剛才說的話，千萬不要忘記了。廕昌笑答：你準備現款好了。時月臺中外新聞記者甚多，驟聞是言，認為廕昌雖南下，而軍餉不足。因即作為重要消息發電各處。翌日，上海、天津、北京、廣州等地報紙刊載。商民恐慌，不信任鈔票，大清銀行遂發生擠兌風潮，結果形成財政金融恐慌。推考原因：銀行準備金不足，尤佔重要地位。

　　早在清戶部推行鈔票之初，即已注意準備金問題。宣統元年（1909 年）大清銀行總辦事處曾通告各行，應按定章以五成現銀為紙幣發行數目之準備，以資兌現。此外商號銀票、鈔票、據條及爐房浮存銀兩，均不得作為準備，但各處分行負責人多缺乏現代銀行知識，於此關係重要之準備金，每多忽視。宣統三年（1911 年）閏六月，大清銀行總辦事處以各分行填報準備金數目表格，仍多誤會：各行列表所填準備金，即係是日庫存數目。顯然是誤會「現金準備」本意。且各行表報中更多以銀圓銀兩等票及特票列入，又是誤會「現金準備」以外「證券準備」的本意。

　　清末推行鈔票，原為銀圓的代表，但當時各省貨幣複雜異常，未能劃一：福建習用日本「站人」銀圓，東三省通行羌帖老頭票、

正金鈔票，西北各省行使銀兩的習慣很深厚，偏僻地方習用制錢風氣未改。銀圓本位既未成立，銀圓鈔票，自難於通行。即專論銀圓一項，國幣外幣，種類不同，南洋北洋，價格互異，甚至上海、南京之間，彼此也無可通融，四川、湖北毗連，匯兌均須貼水。銀幣既不統一，鈔票自難流通。武昌起義後，大清銀行因擠兌而停業，交通銀行也被迫跟著停業。

1912 年 8 月，中山先生至北京與袁世凱會見，先後晤談十三次，只孫、袁及梁士詒三人參加，有關談話內容，除《三水梁燕孫先生年譜》記載兩事外，其他書刊均沒有紀錄——這兩件事，一即「耕者有其田」，一即中山先生主張推行鈔票：「改革全國經濟，我以為硬幣與紙幣均為價格代表，易重以輕，有何不可？苟以政治力量推動之，似尚非難事。而君謂必先取信於民，方法如何。」梁士詒的答覆是將白銀鑄為銀山公開陳列：「幣制為物價代表，飢不可食，夫人知之。惟中國數千年幣制之由重而輕，由粗而細，皆以硬幣為本位；若一旦盡易以紙，終恐形隔勢禁，未易奉行，故必先籌其所以取信於民之方法。夫以中國之大，人民之眾，發行四十萬萬紙幣，似不為多。今者卑無高論，先從政府組織一健全之中央銀行，試行統一幣制方案，如發行五千萬元，先將現金一千五百萬鎔化，製成銀山，置於中華門外之丹墀，以示人民曰：此國家準備庫也。所發行之紙幣日多，所積之銀山愈大，信用既著，習慣自然，假以時日，以一紙風行全國，又何難哉？愚見所謂必先取信於民者以此。」

是年 12 月，中山先生因俄國侵我蒙古，特提出「錢幣革命」主張，以解決當時財政困難問題再抵抗俄國：「紙票者將必盡金銀之用，而為未來之錢幣，如金銀之奪往昔之布帛刀貝之用，而為錢幣也。此天然之進化，勢所必至，理有固然，今欲以人事速其進行，是謂之革命，此錢幣革命之理也。其法維何？即以國家法

令所制定紙票為錢幣，而悉貶金銀為貨物。國家收支，市廛交易，悉用紙幣，嚴禁金銀。其現存錢幣之兌金銀，只准向紙幣發行局兌換紙幣，不准在市面流行，如此則紙幣一出，必立得信用，暢銷無阻。」

　　1935 年 11 月 3 日，國民政府宣布幣制改革，實施法幣政策。可以說是秉承這一遺教作理論根據，八年抗戰，財政金融基礎即因法幣而奠立。

中國銀行堅持兌現

　　中國現代新式銀行的建立，若干有志人士實在煞費苦心，其中如上海商業儲蓄銀行創辦人陳光甫（美國賓州大學畢業），中國銀行副總裁張公權（日本慶應大學出身）。陳、張兩人於民國初年，與李馥蓀（日本高等商業學校畢業，時任浙江銀行副理）、錢新之（日本商業學校畢業）等，年少氣盛，一心希望聯合同志，為新興民國，效法日本建立一新式金融制度，並由外國銀行掌握中收回金融權。為交換意見，每年春初，按習慣，相互宴請「春酒」之外，1915 年 7 月，各銀行同業為謀進一步團結，又發起正副經理聚餐會，經常互通消息。這是各地銀行公會的開始。

　　1916 年，西南各省反對洪憲帝制，起護國軍。袁世凱派北洋軍南下鎮壓，為籌劃巨額軍費，特由國務院於 5 月 11 日令飭中國、交通兩銀行，謂依照各國先例，當財政金融窘迫之際，國家銀行有暫行停止兌現及禁止提存必要。自 5 月 12 日起，所有發行貨幣停止兌現，並停止存款提現。當日中午電令到達上海，中國銀行經理宋漢章、副經理張公權認為若遵令停兌，此後本國銀行貨幣，將不復見信於人民，而再無人存款於本國之銀行，如是正在萌芽之新式銀行制度將為之摧殘無遺；因決定不接受命令。惟顧慮兩點：㈠袁世凱可令中國銀行總行將正副經理撤換，甚至可由上海交涉使出面請租界當局將宋、張逮捕，使宋、張無法貫徹主張。㈡任何銀行無十足現金存庫，若持鈔券人與存戶繼續兌現提存，必至庫存告竭，不能應付，勢必仍失信用。

　　宋漢章、張公權與有關方面相商，律師告以對第一點顧慮，

若能由股東、存戶、持券人出面，向租界法庭起訴，以停兌命令有損三方面的利益為理由，則在法庭審理期間，副經理可繼續任職。張當即商請李馥蓀代表股東，蔣抑卮（浙江興業銀行常務董事）代表存戶，陳光甫代表持券人，向法庭起訴。同時，組織中國銀行商股聯合會，以防制袁世凱用強力攫取中國銀行的管理權，並由聯合會發通電表明態度。聯合會請錢新之為總幹事，時商股已有二百五十一萬圓。股東遍及國內各地。至於第二點顧慮，則與英國匯豐銀行及德國德華銀行商量，以中國銀行行址及棧房房地產作抵押，通融透支，以備不虞。

　　5 月 12 日晨，中國銀行開始營業前，附近三條馬路已人山人海，擁擠不通，行屋鐵窗鐵門均有人把守，爭奪先入。自晨九時至午後五時，兌現提存，庫存現款，幾去其半。13 日，人群仍擁擠，甚至有人潛入庫房探望準備金是否尚能應付？14 日，星期日，中國銀行刊登報紙廣告：上午照常營業。兌現人數已減少。15 日，提存兌現者更大減。至 19 日，這一風潮完全平息。

　　上海中國銀行平安度過這一大風潮，鈔票信用日增，流通日廣，遂成為日後中國銀行發展的基礎，且亦為未來中國信用制度的基礎。

　　在這一大風潮中，張公權、陳光甫、李馥蓀、錢新之諸人志同道合，齊心協力，尤其銀行同業間的充分合作，實為安度難關的決定因素。惟上海交通銀行則因遵奉其總行總經理梁士詒命令，實行停止兌現提存。

　　是年 6 月，袁世凱死，黎元洪繼任大總統，任命徐恩元為中國銀行總裁。12 月 17 日，徐電令調張公權任重慶分行經理，以營業主任胡桂薌升任上海分行副經理。胡表示不就，宋漢章亦請辭經理。商股聯合會也致電黎元洪抗議這一人事調動。旋由江蘇省長轉黎大總統電令：宋、張兩經理，既與中行信用攸關，自未

熊希齡創慈幼院

1935 年，熊希齡（1870～1937 年）以六十六歲與三十三歲之金陵女子大學畢業生毛彥文女士結婚，一時傳為佳話。

熊希齡，湖南鳳凰縣人。清末民初的習慣，對於達官貴人都不直稱其名，而以其故鄉名代替，熊於 1913 年擔任所謂「第一流內閣」總理，因此很自然地被尊稱作熊鳳凰。

熊二十四歲時即榮膺進士，時中日甲午戰爭正在進行，熊曾再三上疏反對和議。未見聽，乃南下回湖南，與譚嗣同、唐才常等組南學會。1897 年，梁啟超應聘主講湖南時務學堂，熊也是支持這一學堂的。

1905 年，熊與端方等有歐美之行，目的在考察立憲政治的實況。

中華民國成立，臨時政府第一屆內閣組成時，熊擔任財政總長。工作不過三月，即隨國務總理唐紹儀解職。旋經袁世凱任命為熱河都統。木蘭避暑山莊是乾隆朝以來，滿清皇帝常往消夏的，收藏古物極多，一般人多有野心，熊卻始終保持清廉聲譽。

1913 年夏，二次革命起，袁世凱把握國人厭亂心理，派大軍南下以外，又挽熊希齡為國務總理兼財政總長，延梁啟超任司法總長、張謇任農

圖 15：熊希齡

林總長、汪大燮任教育總長。號稱「第一流人才內閣」，實即以立憲黨為主體的內閣。終以袁世凱野心自雄，翌年 2 月，這一內閣解體。從此，熊即停止其在中國現實政治中的主要作用，而運用其影響力於慈善救濟事業。北京香山慈幼院即一著例。

香山慈幼院創立於 1917 年，因順直（河北省）水災，收養男女災童一千餘人，原名慈幼局，是臨時性質。嗣水災平後，災童經其父母陸續領回，尚有無家可歸者約二百餘人。熊乃於 1918 年商請前清皇室撥用香山靜宜園舊址建築永久校舍，1920 年 10 月 10 日正式成立。初設幼稚園小學，次第添設中學、師範、職業、專工各部。1926 年改行分院制：分總院第一院蒙養部。第二院小學部。第三院男女中學部。第四院職業部。第五院專工部。第六院大學部。繼又增設嬰兒園及高中各班。1933 年 8 月又改行新組織法。第一校家庭總部實施新家庭生活，使兒童發生濃厚興趣，養成良好習慣，同居兒童均以兄弟姐妹相稱。

1930 年秋，成立幼稚師範，辦理中心及民眾兩幼稚園，求知及第二蒙養院。

1934 年 10 月，全國慈幼領袖會議在上海舉行，熊本其經驗提議：㈠設立全國慈幼行政聯合委員會。㈡設立教保職業人員訓練養成所（熊指出：慈幼事業之發展，不難於經費，而難於人才）。㈢設立衛生人員訓練養成所。熊同時提議改善舊有慈幼事業：㈠各省區縣市舊有育嬰堂宜採用新法整理。㈡各省區縣市舊有孤兒院宜加整理，以期完善。㈢各省區縣市舊有普濟堂及新孤兒所應分別獨立，以免傳染惡習。㈣各地舊有公司工廠均宜整頓小學，增設托兒場，以惠助工人子女。

熊希齡提議：慈幼事業經費來源：㈠存入外國銀行之洋款，應加息二釐，充慈幼經費。㈡國內公債遺失未取之本息，應撥充慈幼經費。㈢各國退還庚款，應提成充作經費。

　　熊之女公子朱熊芷女士又主持北平懷幼會，係一獨立之實際
工作機關與協和醫院有密切聯繫。

　　自 1922 年，世界紅卍字會中華總會成立於北京，熊希齡負責
主持，歷年次第擴充，1934 年，各地分會已達三百餘處，努力水
旱兵災之臨時賑濟。同時，籌辦育幼養老卹貧之永久慈善事業。
設立小學六十二所、育嬰堂十所、貧民習藝所五所、孤兒院二所、
卹養院二所。

　　熊希齡發達早，任官早且高，能急流勇退，致力於社會救濟
事業，宜可為今日政界人所效法。

善者與革命黨

圖 16： 川島芳子

　　川島芳子的「威名」，在抗戰以前尤其抗戰時，曾經轟動九州。因為她是日本特務機關一名傑出人才，在我國內翻雲覆雨，「成就」甚多——事實上：她並不是日本人，是清肅親王善耆的第十四女（1907 年 5 月 23 日生），日人川島浪速收為義女，在日本留學長大，遂成為日人的工具（勝利後，川島芳子受我國法庭審判，同鄉友吳盛涵兄主審，曾攝有電影紀錄片）。

　　她的父親善耆，貴為滿清親王，歷任副都統、護軍統領、御前大臣、崇文門稅務衙門監督、工巡局管理事務大臣、理藩院管理事務大臣、民政部尚書等要職。在晚清親貴中卻最富於革新進取觀念與作風：刷新警察制度、實行全國戶口調查、厲行禁止鴉片、革新風俗、改修道路、注意公共衛生、推動地方自治、建議復興海軍等，尤以其對革命黨的開明態度，為人稱道。

　　馮自由撰《革命逸史》、宋教仁撰《程家檉革命大事略》、日人石川半山著《肅親王》（1916 年，東京警醒社書店刊行）諸書刊中都有善耆與革命黨人關係的記載，相互比證，翔實可信。

　　石川半山著《肅親王》中指陳：善耆曾對其親信友人言：革命思想的勃興，實由於當國者施政不良。欲根絕革命運動，除改

良政治外無他法。而我清朝親貴以至小吏，不知政治為何物，只管自私貪利，自然失天下人心，走向亡國。憂國志士為挽救危亡而奔走革命，我等惟有倍加愛護。

善耆基於這種認識，1906 年以來，於其職權範圍內對革命黨人表示好感。其事實不下五六端：㈠1906 年，湖北日知會劉靜菴等之獄，將死刑改為監禁。㈡1907 年，安徽徐錫麟刺殺巡撫之獄，清廷以徐罪大惡極，多主抄家滅族，獨善耆以為不當用此殘酷刑罰，更失人心，故改處斬。㈢引用革命黨員程家檉（為留日學生中最先謁見中山先生，傾心革命，並鼓吹聯絡留學生最力之一人）為府中幕僚，頗示優待，宣統時，同盟會員田桐等在北京開設報館，頗得掩護。㈣革命同志吳祿貞、戢翼翬等在北京工作，亦常出入肅親王府。㈤1909 年，黃復生、汪精衛在北京刺殺攝政王，不成，被捕，善耆以民政部尚書親自提訊，顧慮黃、汪口供慷慨陳詞，難於處理，特命具自白書。善耆閱後，親向攝政王說明，免其死刑，改為監禁。㈥黃興在日本居留，受日本警察壓迫，善耆聞訊，特請川島浪速赴東京向當局勸說。

善耆且差遣程家檉攜銀三萬圓至東京交同盟會本部，謂此只對革命黨表示好意，並無其他條件。時中山先生及黃興均不在日本，同盟會庶務劉揆一徵求各幹事意見，結果為一部分幹事接受，致引起黨內糾紛。事後，章太炎語人：此款如用途正當，收受無礙，惜未開會決定，致貽同志以口實云——1909 年，章太炎且有長函致善耆，再三稱作「賢王」，建議二項：㈠「為清室計，當旋軫東歸，自立帝國，而以中國歸我漢人」。章太炎說明「此非僕一介之私言」。日俄戰時（1905 年）日本有賀長雄博士即曾申言：「今欲使東三省保其秩序，無受外侵者，惟返清帝於奉天。」因此，章太炎建議：「若能大去燕京，復遼東之故國，外兼蒙古，得千四百萬方里，其幅員等於中國本部，然後分置郡縣，務農開礦，使

朔漠不毛之地，化為上腴，地小則人才不憂其乏，勢分則民族不憂其訌，其賢於兼治中國萬萬也。文政既成，申其軍實，南與中國，東與日本為唇齒之同盟，誰復能睥睨東亞耶？」又建議善耆效俄國貴族克魯泡特金作無政府黨首領之前例，加入同盟會，「使千載而下，睹其史書，瞻其銅像」。是函由日本同志攜往北京遞進。書投後，善耆告程家檉謂：不便入同盟會，但願相扶助。其後數月，日人加藤仡夫又為少數革命黨人致書善耆，要求劃撥西藏為民主政治實驗國，事又未成，「亦足以知其服善好義之心，為滿清親貴中絕無僅有者也」（馮自由語）。

善耆任清民政部尚書時，批准北京「文明茶園」演劇時，婦女亦得入場，坐於樓上觀賞，男子座位設於樓下，入出口均分開，守舊派曾加反對彈劾。但善耆堅持以為並不傷害風俗云。

曹汝霖　章宗祥　陸宗輿

　　自 1919 年五四運動，曹汝霖、章宗祥、陸宗輿就被國人視為可殺的賣國賊。永留污名於青史。其中曹汝霖比較幸運，享壽九十歲（1877～1966 年），刊行《曹汝霖一生之回憶》，自我洗刷一番。美國哥倫比亞大學近刊《中華民國名人傳略》，曹與章宗祥（1879～1962 年）均有傳略，陸宗輿則因史料不足而付之闕如。實則五四運動後，陸宗輿自我辯護最早。筆者所見即有兩書：㈠《二十一條東京外交祕史始末記》，題「前駐日使館館員淵若筆記」，線裝土紙三頁，無年月及出版地點。內容在表揚陸任駐日公使時，在東京微服密訪某要人，感慨陳訴，聲淚俱下，謂元老既不能排解，今惟有將交涉經過張貼使館門，自刎其頸，以殉國難。某乃感動，允轉達元老，其後日本乃有撤除〈二十一條〉要求中第五

圖 17：曹汝霖　　　　圖 18：章宗祥

圖 19：陸宗輿

部分之決定云云。這一記載比較「九一八」後，天津《大公報》王芸生輯《六十年來中國與日本》引用陸個人紀錄要早十年。但今已證明多屬謊言。

陸宗輿另有《陸閏生先生五十自述記》，汪大燮題簽，線裝二十三頁，紅色二號老宋字印刷 1925 年 5 月，北京文楷齋承印。自署「福慧道人慧依陸宗輿自述於京寓適齋」。自述以光緒二年丙子閏五月十四日（1876 年 7 月 5 日）生於浙江海寧州城。十歲讀曾文正公家書乃大感動，從此用心讀史籍。十六歲應童子試。十八歲院試，取性理，為杭州府之冠。戊戌政變（1898 年）後假資東遊。1912 年隸共和黨黨員，後依靠皖系，任駐日公使，永留污名。卒年不詳。

章宗祥於「五四運動」後撰《東京三年記》，自我辯護，經王芸生採入《六十年來中國與日本》第六卷。

章宗祥，浙江吳興人。1895 年東渡日本，入東京帝國大學，時曹汝霖留學日本早稻田大學，兩人從此結識。章轉學明治大學，1903 年得法學士，回國後曾任教京師大學堂（北京大學前身）。辛亥革命，南北和議。章以法制院副使任北方議和代表隨員至上海。浙江省公民因其在北京專以諂媚親貴為事，不承認其資格。章恐不見容於民軍，遂以救護汪精衛之功自居，因汪引見中山先生，奉派充南京臨時政府法制顧問。汪精衛且挽陳其美、馬君武共同簽署一公開信，刊載於 1912 年 1 月 9 日上海《天鐸報》（戴季陶、陳布雷等編輯）為章辯護：「章宗祥君雖嘗服官清廷，然其為人博學多才，宅心和厚。對於民黨恆暗加祖護，為弟等所素知。當此民國政府成立之後，黨界不必太嚴，凡從前立憲黨人，苟非

真與國民為敵者，不宜盡行擯斥。其有才自見者，民國政府正思廣為羅致，以收群策群力之效。近日報界對於章君攻擊備至，似未諒其隱衷，弟等既有所見，不能不為辯白。祈登報端。是所深幸。」對章維護備至。不久，臨時政府北遷，章又投靠北洋軍閥，其言行終遺臭後世。

清季出洋學生陸續回國，清廷為示籠絡，均賞給進士舉人榮銜，即世人所謂洋翰林。《清德宗實錄》載：光緒三十一年六月甲寅（1905 年 7 月 14 日）。「引見出洋畢業學生。得旨：曹汝霖給予進士出身。按所習科學以主事分部學習行走。陸宗輿給予舉人出身，以內閣中書用。」這是曹、陸姓名開始連在一起，也是最早獲「洋翰林」的。其後才正式制訂章程——《清德宗實錄》：「光緒三十二年九月（1906 年 10 月），學部奏：詳擬考驗遊學畢業生章程；最優等給予進士出身，優等中等給予舉人出身，加某學科字樣，由學部帶領引見，酌與實官。從之」。同日，引見遊學畢業生，施肇基賞給法政科進士，顏惠慶賞給譯學進士，顏德慶賞給工科進士。嚴復、辜鴻銘更在其後二年才榮膺「洋翰林」。時曹汝霖已是清外務部署右丞。

1924 年 8 月，曹汝霖在天津納一妓為妾。此女原為上海一女校學生，因家道中落墮入煙花，「五四」時參加愛國運動，心目中以曹為可惡的紅鬍子。不意竟成眷屬。後生女，長成後與一留美學生結婚，曹即因此被迎養赴美國，安享天年，並有餘暇，口述成《曹汝霖一生之回憶》。

梁士詒與山東交涉

　　曹汝霖等因中日山東問題，於「五四」受輿論制裁。1921 年
12 月，交通系首領梁士詒任北洋政府國務總理，時太平洋關係國
家正集會於美京華盛頓。中日山東交涉為當時企求解決的問題。
梁主政不過一月，遭直系吳佩孚猛烈攻擊而去職，且蒙賣國的污
名。

　　抗戰時，梁士詒的門人輯錄《三水梁燕孫先生年譜》二冊於
此曾加辯白。可能仍有顧忌，編者不敢直書姓名，而用「鳳岡及
門弟子謹編」字樣。美國一著名大學中文圖書館編印現代中文目
錄時，因此鬧一笑話：不了解「及門弟子」意義，而將編者誤作
鳳岡「和」（及）學生們。實則主編人為岑學呂。交通系「掌門人」
葉恭綽是策劃指導者。其書於梁士詒生平言行提供甚多直接史料，
是非功罪則盡力表揚或洗刷。

圖 20：梁士詒

　　1970 年秋，香港又刊行一有關梁士
詒書：《太平洋會議前後中國外交內幕及
其與梁士詒之關係》。封面署：葉遐菴（恭
綽）述，俞誠之筆錄。蘇文擢序，知此
書主旨在辨明梁氏藉山東問題賣國之
說。書末有梁之第八妾譚玉櫻跋更明白
說：先家長（士詒）終其身於其言行未
嘗有所尤怨辯白，「獨於彌留之際，慨然
謂閣（任內閣總理）未逾月，訛傳魯案
移京交涉，鐵路借日款贖回。一時朝野

譁然，群蜚叢集。而實出當時悍將政客串合栽枉。意若以辨誣屬
諸後人者。其後己卯歲（1939 年），鳳岡及門弟子所為年譜，即
嘗微見其意，惟以求證不暇，言而未詳。遯菴先生慮真相之久而
淹沒，乃爬羅剔抉，盡舉其所見所聞者以告俞君誠之，屬為實錄。」
其後葉、俞先後下世，梁士詒長子及女婿曾計刊行，未果，又病
逝。於是早已出家為尼的梁妾譚玉櫻就擔負印刷是稿的責任。

　　自 1919 年 9 月 20 日，皖系靳雲鵬代理國務總理，11 月 5 日，
真除。其後歷經變化，短期離職，先後三次組閣，至 1921 年 12 月
17 日辭職。顏惠慶於 1920 年 8 月 11 日，署外交總長，連任至靳
三次組閣。次年 12 月，靳辭職後，顏以外交總長代理國務總理。
是月 25 日，梁士詒任國務總理，顏仍任外交總長。梁在職不過一
月，即受吳佩孚攻擊而去職。1922 年 1 月 25 日，顏又以外交總
長代理國務總理，至 2 月 4 日簽訂〈解決山東懸案條約〉及 2 月
6 日簽訂〈九國公約〉及〈中國關稅稅則協議〉止。故顏惠慶負
責山東交涉的時間最長。《太平洋會議前後中國外交內幕及其與梁
士詒之關係》一書，也就把握這一時間因素，將一切責任加於顏
惠慶身上。其書引言有云：「曾經掌握適當機會，著手翻查當日檔
案卷宗，摘要錄副。」因此書中有若干當時外交機密的文電，又引
錄當時報刊文字，以作論證。

　　是書再三說明：顏惠慶是留美學生出身，美國召開華盛頓會
議，正顯示美國企欲在太平洋關係國家間運用其影響力，而顏正
可說是親美派。至於「梁不懂外國文，亦未嘗留學日本」。清末民
初（1904～1915 年），梁苦心周旋於列強間，謀求阻遏日本侵略
東北的陰謀。只因一貫反對英、美提出的國際共同管理中國鐵路
案和新銀行團之壟斷借款，被在華英國報紙狂罵詬罵，指為親日
派，等到梁出任閣揆，不幸又因閣員之間，根本上貌合神離，「還
有人布下陰謀陷阱，親日派三字，竟成莫須有」。其實這是顏惠慶

中華民國工黨

　　自 1886 年 5 月 1 日，美國勞工實行八小時工作制。從此「五一」就成為全美勞工大勝利的紀念日。1889 年，歐洲勞工團體也採用這「五一」紀念日。

　　美國勞工實行八小時制，完全否定馬克斯「工人要求八小時工作制是難以實現的夢想」之預言。「五一」之成為國際勞動節的意義實在於此（美國政府規定每年 9 月的第一個星期一為勞動節 Labor Day，是法定紀念日，與勞工自決取得八小時制的勝利「五一」紀念日迥乎不同）。

　　1913 年 5 月 1 日，上海舉行五一國際勞動節紀念會。是「五一」在中國最早的盛大集會。其後，「二次革命」失敗，袁世凱及北洋軍閥當國，苛政猛於虎，沒有人敢公開說「五一」。1917 年《勞動雜誌》刊載〈不入支那人清夢之五月一日〉一文。可見當時國人對「五一」不甚注意。1919 年 5 月 1 日，北京《晨報》特刊一勞動節紀念號，一些人才漸漸知道這個紀念日的意義。「勞工神聖」一詞，也漸被人常用於文字講演中，1920 年，中山先生主持領導的《建設》雜誌和《民國日報》更擴大宣傳「五一」的意義。國民政府建都南京以後，正式規定 5 月 1 日為勞動節，八小時的工作制也逐漸推行於國內各工廠。

　　但早在民國建元之初，中華民國工黨即正式組織成立，展開各種為勞工福利的活動，較英國工黨的組成時間還要早。

　　辛亥革命以前，工人即曾參加多次起義行動。1911 年，上海光復後，工人徐企文等發起組織工黨。是年 12 月 20 日，舉行發

起人談話會。1912 年 1 月 22 日，中華民國工黨正式宣告成立。
總部設於上海，各省縣市分設支部。大約半年之後，各省組織支
部已有七十餘處。如上海「工黨翻砂同義會」、「工黨首飾團」、「工
黨繅絲女工同仁公會」，都是工黨的基層組織。

　　1912 年 11 月 3 日，中華民國工黨在南京舉行全國各支部第
一次聯合大會，到會代表多至十六省，號稱黨員達四十萬人。大
會正式選舉徐企文為「正領袖」，湖南支部主持人龍璋為副領袖，
公推孫中山先生為「名譽領袖」。大會又通過參加「萬國工黨」等
重要議案。

　　中華民國工黨簡章中明顯揭示五大宗旨：㈠促進工業發達。
㈡開通工人知識。㈢消除工人困難。㈣提倡工人尚武。㈤主持工
界參政。其「宣言」中也提出兩大目標：㈠促進工業發達，以求
中國之富。㈡改善工人的經濟生活，提高工人的知識水準，為工
人爭取平等的政治地位、社會地位和人道主義的待遇。

　　工黨宣言中指出：中國工業不振，「推究其原，皆由資本家與
勞動家未能聯絡進行」，加以國人「視工如牛馬」。同時並說明：
歐美的工黨「破壞舉動，其勢力足以擾亂治安，破壞工業，甚者
足以陷國家於死機而推其禍於資本家」。可以說歐美「組織工黨於
資本家反對時代」。今中國工黨則「組織於資本家與工人意見融洽
之時代」，目的在「發展我黨如火如荼之民生主義以及民生主義中
之人道主義」。這和工黨公推中山先生為「名譽領袖」，都足以顯
示中山先生倡導的民生主義思想，對中華民國工黨的巨大影響。
尤其是 1913 年，工黨代表在上海「五一」紀念會中發表演說，主
張「提倡積聚資本，庶可達公有之目的」，更宛然是中山先生「合
全國之資力」，以實現「社會主義理想國」的口吻。

　　中華民國工黨曾進行一些活動。㈠舉辦工人文化、福利事業。
㈡創辦企業。㈢調解勞資糾紛。

　　1913 年 2 月，中華民國工黨總部議決：關於規定兒童工作、成年人工作之時間、星期休業、最少數（最低限度）之工金、勞動保險、罷工律等十餘種議決案，各以美、法諸國事例為證明，準備在國會開幕時組織請願團要求立法。不幸，袁世凱蓄意破壞《中華民國臨時約法》。是年 3 月 2 日，國民黨代理理事長宋教仁在上海被袁派人刺殺。「二次革命」起。5 月 28 日，工黨領袖徐企文領導「中華民國國民軍」討伐袁世凱，失敗，被擒。加以袁大力鎮壓，中華民國工黨從此星散。1917 年，韓恢繼徐企文之後，改名「中華工黨」恢復活動，但已無復原來面目。

陳獨秀　李大釗

「中國共產黨」之產生，陳獨秀（1879～1942 年）、李大釗（1888～1927 年）是「始作俑者」；但今人多已不知其為何許人。民國史實之亟應講說研究，實已不容再有因循。

陳獨秀是安徽省懷寧人，前清秀才，參加鄉試，沒有考中舉人。從此不再作「八股」，由閱讀康有為、梁啟超著述而發生興趣，轉向維新。1901 年，東渡日本留學。旋參加馮自由、程家檉、蔣方震等組織的「青年會」，從事以民族主義為宗旨，破壞主義為目的之活動。1902 年，陳與張繼、鄒容二人合力強將湖北留學生監督姚昱的髮辮剪去，釀成交涉大故，被遣送回國。回安徽，組織「愛國會」。1903 年 7 月，上海《蘇報》被查禁，陳與張繼、章士釗、連橫（雅堂）等又繼起組織一《國民日日報》。從此以至 1914年十年間，陳都是以國民革命為政治立場。

1915 年 9 月，陳創刊《青年雜誌》，這就是後來著名的《新青年》前身。當時陳倡導持續的治本的愛國主義，即勤、儉、廉、潔、誠、信。對於袁世凱虐政，破壞學校教育，極感痛心：「吾以已為破壞之學校，罪在執政；未破壞之學校，其腐敗墮落等於破壞者，則罪在教育家。」

自 1916 年夏洪憲帝制覆滅，皖系段祺瑞握政，脅迫國會，終至解散國會，「國政劇變，視去年今日不啻相隔五六世紀」（陳獨秀語）。有志之士均非常失望，輿論時政都是憤激之至，梁啟超如此，陳獨秀更甚，其所主編的《青年》已易名《新青年》，言論逐漸激烈。1917 年 8 月，陳應北京大學校長蔡元培之聘，出任文科

圖 21:「青年雜誌」與「新青年」

學長,《新青年》也由北大教授數人參加編輯,對青年學生影響更大。

　　1918 年 12 月 22 日,陳又與李大釗另創一《每周評論》討論實際政治。

　　李大釗是北洋法政專門學校畢業,對中山先生非常崇敬,曾隸中國同盟會,與中華革命黨也多來往。但由於其在國內求學及留學日本時接受進步黨(與梁啟超關係)人士的資助,因又與進步黨、研究系也有關係。當梁啟超、陳獨秀持論偏激時,李的言論卻比較理智且溫和,並撰文公開表示不以梁、陳為然。嗣因軍閥惡政猛如虎,李的思想也有很大的轉變。1918 年 7 月 1 日發行的《言治》季刊,載有李撰〈法俄革命之比較觀〉,10 月,《新青年》載李撰〈庶民的勝利〉等,公開讚揚蘇俄。其後李又於《每周評論》中撰刊同類文字甚多。北大學生鄧中夏、張國燾以及北大圖書館職員毛澤東、俄文專校學生瞿秋白等都在其時受李指導學習馬克斯理論,後來這些人都成為「中共」主幹。

　　1919 年「五四運動」以後,北京市區發現甚多鼓吹社會革命、無政府、同盟罷工、共產邪說小冊子,如《進化》雜誌、《工人寶

鑑》、《太平》等。其中尤以 6 月 11 日所謂〈北京市民之宣言〉，要求罷免曹汝霖等以外，更提出「取消步軍統領及警備司令部兩機關」、「北京保安隊改由市民組織」。並申言：「倘政府不顧和平不完全聽從市民之希望，我等學生商人勞工人等，惟有直接行動，以圖根本之改造。」這顯然是左傾激烈分子利用「五四」以後人心浮動，準備造反作亂。當日下午二時，陳獨秀在新世界被捕。軍警旋即搜查陳住宅，獲若干信件。李大釗旋亦離北京避往鄉間。

北京大學俄文系教授柏烈偉（非俄共黨員，但同情十月革命）與陳、李及若干學生多有往來，兩名俄國共產黨員亦於 1919 年秋先後來天津、北京，與李大釗會商。1920 年 3 月，共產國際遠東局代表吳廷康到達北京，柏烈偉介紹會晤李大釗提出組織中國共產黨之建議。

李大釗於 1927 年 4 月被處死。陳獨秀後亦被捕。晚年撰《陳獨秀最後對於民主政治的見解》批評蘇俄。「自傳」更自承「我性情暴躁則有之，嫉惡如仇則不盡然」。「有時簡直是優容奸惡，因此誤過多少大事，上過多少惡當，至今雖然深知之，還未必痛改之。其主要原因固然由於政治上之不嚴肅、不堅決，而母親的性格之遺傳，也有影響罷。」母教遺傳竟致禍國殃民，家庭教育重要性，由是可見。

陳炯明投機取巧

1912 年 6 月 16 日，粵軍總司令陳炯明（1878～1933 年）在廣州叛變，砲轟觀音山大總統府，企圖加害中山先生。幸經總統府警衛團奮勇作戰，保護中山先生出險。然中山先生多年心血所成的三民主義等各種稿本，及數百種備參考之歐美書籍則悉被燬去。

陳炯明時為粵軍總司令，其實他是「軍旅之事，未之學也」的文人。在廣東惠州府海豐出生，天資不高，二十二歲，始入縣學。1905 年，畢業海豐速成師範。1908 年，又完成廣東法政學堂學業，畢業以前，陳已從事地方自治與社會救濟事業，又創辦《自治報》，很得鄉里同情。1909 年 6 月，陳被選為廣東諮議局議員。

陳炯明在諮議局，提出很多激烈主張，如裁撤廣東善後局，革除衙署積弊，廢除就地正法（即不經合法審訊即隨便殺人）等，其中與副議長丘逢甲等聯名提議並堅持的禁絕一切賭博案，更引人注意。

1909 年冬，各省諮議局代表聯合會在上海舉行，陳炯明與副議長丘逢甲等人代表廣東出席——陳在上海與革命黨人取得直接聯繫，正式加入同盟會。南旋後即在香港設立樂群書報社，以為革命黨聯絡機關。

各省諮議局分子大多是君主立憲派

圖 22：陳炯明

人物，與革命黨主張不同，陳炯明今又加入同盟會，不是表示他捨棄立憲主張，而是腳踏兩隻船投機取巧的行為。但他仍一方面與朱執信等參與 1910 年倪映典策動廣東新軍起義工作，也繼續出席諮議局。

1911 年，廣州「三二九」之役，不幸功敗垂成。黃興、胡漢民聯名致書海外同志報告經過，檢討失敗原因，對於陳炯明、姚雨平、胡毅生三人虛妄誤事，認為罪該萬死。

武昌起義後，11 月 9 日（1911 年），陳炯明入惠州設立總司令部，統率東江各屬起義民軍。29 日，陳率民軍入廣州，就任廣東副都督，旋代胡漢民為都督。1912 年 5 月，胡漢民回任，陳受命為廣東總綏靖處經略，廣東護軍使，以整理軍隊、籌辦民團、策劃開闢軍（公）路為主要工作。1913 年 7 月，「二次革命」失敗，陳炯明亡命海外，沒有參加中山先生領導的中華革命黨。

1917 年 9 月，中山先生在廣州組織軍政府，維護《民元約法》。時桂系軍據粵。陳炯明建言：必須握兵權，方可向外發展。經胡漢民、汪精衛與廣東省長朱慶瀾商談。幾經反覆，11 月下旬，陳炯明乃得接管省長公署警衛軍二十營，即以這一支兵力為基礎，奉中山先生命為援閩粵軍總司令，向福建發展，一以釋桂系猜忌，並為進取浙江初步。但陳炯明卻亟以經營其故鄉——東江一帶作根本，因為他的最大興趣和企圖仍在廣東。中山先生一再催促，陳仍徘徊，不即前進。1918 年 5 月，中山先生因滇桂軍人政客的聯合反抗，辭卸軍政府大元帥，至陳炯明軍次，將國內外情勢詳加說明，力促陳攻閩。6 月 10 日，陳開始攻擊。7 月，浙軍陳肇英率部來歸，粵軍聲勢益壯。8 月 31 日，陳炯明率部進駐漳州。

早在辛亥革命前，陳炯明與無政府主義者劉思復即多所往還，傾心於社會改革。今據有漳州更欲大行所志。1919 年春，特創《閩星報》，提倡社會主義，新文化運動，對於蘇俄「十月革命」更首

先大加歌頌，《閩星報》曾用「紅年大熟」為標題特加論述，引人注意。1920 年 4 月 29 日，蘇俄代表即至漳州訪陳炯明，表示願意助其完成「大事業」。從此，陳炯明與列寧也有書信來往。

　　陳炯明既外鶩，對中山先生交付其回師討伐桂系的工作乃猶豫遲徊。廖仲愷、朱執信再三銜命往勸促陳行動，均無效。1920 年 7 月 22 日朱執信上中山先生函有云：「競存（炯明別號）處力量費盡，疲玩如故，此際感情已傷，留亦無益，故決計先來滬一陳彼間狀況。」朱、陳有師生之誼而「感情已傷」。而不二月，朱被害死。炯明與中山先生關係乖離，更漸顯明。

陳炯明與陳獨秀

　　1920 年 8 月，國內情勢變化，不容許陳炯明久踞漳州。陳不得不率粵軍回粵討伐桂系。9 月 29 日，陳得廣東民軍及國民黨人多方協助，進抵廣州。中山先生寬大為懷，對陳寄以莫大希望：「我望競兄為民國元年前之克強（黃興），為 1913 年後之英士（陳其美），我即以當時信託克強英士者信託之，我所求者唯期主義政策與我一致。」中山先生旋任命陳為廣東省長兼粵軍總司令。

　　11 月 10 日，陳炯明就職後，即電上海邀請陳獨秀南來主持廣東教育委員會——其時，陳獨秀在上海於組織共產勢力已有端倪，得炯明邀請，乃急往廣東，欲利用時機播下有組織之共產種子。故到粵後立即著手進行，約集譚平山、陳公博、譚植棠及無政府黨員數人共同工作。炯明對獨秀的計劃都予採納實行：設宣傳講習所，以陳公博為所長，就是以推進共產黨組織工作為主。同時，勞工運動也更加緊推行，如廣州城內各種工會一百三十餘，均經炯明批准立案，都很注重教育和演講。

　　1921 年冬，俄共代表馬林南來廣州，訪晤陳炯明。根據汪精衛正式報告：馬林對汪與廖仲愷言：炯明與中山先生「一定不能相容」。今日研究更證明：馬林這一說詞，不僅是有意利用矛盾擴大矛盾，並且是和陳獨秀領導的中國共產黨「聯陳倒孫」策略相互呼應。1922 年 2 月，孫、陳意見相左，已是國內報紙常見的新聞。3 月 21 日，粵軍總司令部參謀長鄧鏗被炯明族弟達生主謀殺害，孫、陳之間重要連鎖隨之斷絕。同時，代表炯明前往莫斯科，出席遠東民族大會歸來的黃壁魂女士竟有乘晉見中山先生機會而

實行暗殺的陰謀。3月26日，中山先生認定炯明有意阻撓北伐，決自桂督師回粵。炯明不應命往謁，廖仲愷、伍朝樞等力勸無效。4月21日，陳炯明離廣州赴惠州。5月6日，中山先生率北伐軍集中韶關。8日，陳部葉舉乘機入駐廣州，要求中山先生復任陳炯明職務。而陳獨秀突於此時應炯明邀約自上海到惠州與炯明密談。

兩陳——炯明與獨秀密談內容如何，迄今甚至可能是永遠無法解答的一個大祕密。但就陪同獨秀前往惠州的陳公博回憶所述：獨秀與炯明密談後返滬前，曾一再對公博說：「廣東恐怕不久必有變故！」因此，獨秀對於不久以後發生的6月16日事變，是否有加速誘導作用，就不能不令人懷疑。

6月1日，中山先生以葉舉部在廣州滋擾，人心浮動，徇廖仲愷之請回廣州坐鎮。13日，北伐軍克贛州，炯明益憤恨廖仲愷、鄒魯供應北伐軍糧，乃與葉舉分別邀約廖、鄒，陰謀乘機扣押。14日，廖以與炯明二十年交誼，應約赴石龍炯明軍部，果被扣押，廖頭、手足上且被加三重鍊銬。15日，葉舉等通電要求中山先生立即下野，並出動兵力扼廣州要地，觀音山大總統官邸亦被包圍。16日，拂曉，葉舉下令砲擊觀音山。中山先生幸出險繞道登兵艦。炯明陰謀未得逞，又賄買海軍，並一再謀用水雷轟炸中山先生座艦。當時總統蔣中正聞訊趕往隨侍中山先生，其後且手撰《孫大總統廣州蒙難記》一書。

陳炯明叛變後發現若干文電，證明其與直系軍閥有所勾結，而直系吳佩孚正是中共極力捧揚的「進步軍人」，李大釗在吳幕府，與陳獨秀在陳炯明處，可說是南北呼應。

陳炯明的叛變，召致國內輿論的責備。因為中山先生的清望，是國人尊崇已久的，今陳竟圖殺害國民革命導師，自然不得世人諒宥。善於轉變的共產黨人也不得不力求適應迎合輿論。陳獨秀

主持的中共機關刊物《嚮導》即於是年 10 月 14 日開始攻擊「陳炯明的反動」，其後更有陳獨秀署名斥責炯明的文字：「陳炯明舉兵逐孫，不但未曾宣告孫中山反叛民主主義的罪惡，及他自己較孫更合乎民主主義之主張，而且逐孫後做出許多殺民媚外的行為，完全是一個反革命的軍閥！」共產黨人嘴臉善變如此。當時文人武夫被共黨這樣玩弄的，事例太多。都是太不注意看「歷史的鏡子」。

吳佩孚　李大釗

　　蘇俄共黨玩弄陳炯明，故意讚揚他是一「堅信共產主義者」：「不僅是一革命軍將軍，而且是一明敏的組織家，是受到群眾擁戴的人物」。同時，對於直系軍閥吳佩孚也早已大加捧揚——1920年10月9日，《莫斯科消息報》即曾刊載蘇俄遠東問題專家維連斯基的論文說：「吳佩孚已在中國許多事變中懸掛他的旗幟，十分明白地，在這旗幟下，新的中國內閣一定採取有利於蘇維埃俄羅斯的方向。」

　　1920年9月中，李大釗開始組織「中國共產黨」北京小組。10月，《勞動音》週報創刊。同時，在京漢鐵路長辛店進行組織鐵路工人俱樂部，為工會之前奏。1921年夏，第三國際代表馬林來華，傳達命令：假藉中國內部若干已成勢力，以便「中共」發展。馬林再度與李大釗商討如何聯絡吳佩孚問題。時李之北洋法政專門學校同班友白堅武在吳幕府任政務處長，乃利用白為媒介，數次赴洛陽與吳會晤。1922年，第一次直奉戰爭結果，吳佩孚獲勝，控制北京政府。李大釗乘機向吳提出「保護勞工」意見，經吳採納為其四大政治主張之一。

圖 23：吳佩孚

　　吳佩孚所以採納李的意見，是因交通系在鐵路上有長遠的勢力，曾有職工教育計劃。同時又知道李曾領導「平民

教育演講團」頗有成績，故企圖利用共黨以對抗交通系。而馬林
以為聯吳，可以在北方建立據點，正如聯陳炯明一樣。如此北吳
南陳遙相呼應，中共力量可迅速發展。左傾激烈分子張國燾等初
不贊成這一策略。但陳獨秀對吳佩孚確抱有很大的幻想，李大釗
也樂於向這一方面努力——雖明知吳佩孚的政治手段，也樂得相
互利用一下，何況排斥交通系對於掌握鐵路是有利的。李因透過
白堅武向吳佩孚建議：囑其御用內閣交通總長高恩洪，每一鐵路
派一密查員。於是京漢、京奉、京綏、隴海、正太、津浦六條鐵
路，都有一由李大釗介紹的具有共產黨籍的密查員。這六人都有
一百銀圓以上的薪水，除必需生活費用以外，其餘都繳交中共作
職工運動的經常費，加以這六人均可免票乘坐火車，往來自如。
尤其密查員是各鐵路職員所畏懼的。因此，共產黨員得著護符，
不僅不怕人，而且使人怕。共產黨在鐵路工會的工作順利發展，
在六條鐵路上都建立相當基礎。正如 1926 年前編行的《中共簡明
歷史》所記載：「中國資格最老之無產階級應屬鐵路工人，當吳佩
孚妄想為國民首領，欲以武力統一全國之際，曾注意於鐵路上之
無產階級，欲利用而舞弄之，首先准許京漢鐵路工人組織職工會，
予以某項協助。彼亦了解工人與主人間之經濟鬥爭為不可避免之
現象，但絕對不許作政治之奮鬥。彼以為促進此事於彼較有裨益，
經工人請求設立工會即予許可。」

　　京漢鐵路工會成立後，羽翼漸豐，1923 年 2 月 4 日即開始一
全線大罷工。吳佩孚不願玩火自焚，乃於 2 月 7 日出動軍隊分別
地區加以鎮壓，工人反抗，發生流血慘劇，四十四名工人死亡，
受傷及被捕的數百人。

　　「二七慘案」對李大釗及中共都是一嚴重打擊與教訓。李大
釗對白堅武在這大罷工前後所表現的反覆態度尤非常不滿，曾寄
一極憤激的信給白，鄭重表示斷絕與白一切關係。1924 年「二七」

週年紀念日，李時在廣州，更沉痛指責直系軍閥。

　　但 1926 年 3 月 25 日，俄共政治局中國小組仍決議：「如吳佩孚能重握北方霸權，中共與吳合作，仍值得重新考慮。」共產黨人惟力是視，企圖「槍桿裡出政權」的現實觀點由此可見。但不半年，國民革命軍北伐，吳佩孚大敗，從此一蹶不振，完全脫離中國現實政治。俄共中共「知人之明」竟是如此！

陳公博的碩士論文

　　中華民國建立之後，面臨兩次世界大戰，以及「冷戰」、「韓戰」、「越戰」，其影響之重大，無待煩言。而「思想戰場」的侵襲與擾亂，貽害深遠，比較有形的軍事戰場，實在更有過之。讀書人久受八股束縛，一旦解放，目迷五色，好奇鶩新，再加不求甚解的積習，對歐美各種思潮，飢不擇食，囫圇吞棗，盲目輸入。人文學與社會科學仍不講求，一切弊害勢將繼續蔓延。民族國家元氣固大受損害，青年因此犧牲尤眾多。今所舉述的陳公博（1892～1946 年）即一例證。

　　如今或者還有人可能知道：陳公博是抗日戰爭勝利後伏法的南京偽組織的首腦。但陳公博是中國共產黨最早的十數發起人之一，恐怕很多人都不甚了了。至於他是近五十餘年來中國共產黨運動的最早的研究與記錄人，一般人更要引為驚奇。

　　陳公博是廣東乳源縣人。1917 年，在廣東法政學堂畢業後，考入北京大學文科哲學門，與譚平山、譚植棠等同學。「五四運動」時頗為活躍。1920 年夏畢業後南旋，在廣州創辦《廣東群報》，公博任總編輯，平山主編要聞，植棠主編副刊。是年冬，陳獨秀應陳炯明之邀來廣州，公博、平山、植棠三人因師生關係，再加報紙基礎，就被陳獨秀網羅，共同推進共產宣傳組織工作，公博即負責中共廣東支部組織責任。俄共代表馬林來粵，與公博甚多來往。

　　1922 年 6 月，陳炯明叛變前夕，陳獨秀自上海應邀至惠州與炯明商談，公博隨往，但沒有參與會談。公博事後記述：獨秀說

「廣東恐怕不久必有變故!」公博又記述:獨秀自廣州回上海前夕曾與其作兩人間竟夕談,獨秀表示在原則上應擁護中山先生,但就權力觀點論卻應支持陳炯明。公博不以為然。獨秀答覆「等著瞧吧」。公博自言:這是他所以決心脫離中國共產黨的原因,並拒絕應中共之召赴上海及派往蘇俄,毅然決然於是年(1922年)11月,前往日本。時廖仲愷正與蘇俄特使越飛在熱海商談。公博與廖曾會晤,旋即乘輪赴美國。次年2月28日,入紐約市哥倫比亞大學研究院,主修經濟學。經春、夏、秋三季,完成三十學分,及《共產主義運動在中國》論文。1924年2月22日,獲碩士學位,並繼續攻讀博士課程一季,1925年2月離美返國。

陳公博撰述這一碩士論文《共產主義運動在中國》,可以說是因勢乘便,也可以說是投機取巧。因為他赴美行篋中有中共的一些文件,再參考若干西文資料,就可以連綴成篇。但這一取巧行為卻無意地使他成為研究記錄中國共產黨運動的第一人。尤其是這一論文有六篇附錄,都是譯述中共早期文件,其中四篇,迄今沒有其他任何文字(包含中文)的書刊曾經記載。其篇目:㈠中國共產黨首要綱領(1921年)。㈡中國共產黨當前任務的決議案。㈢中國共產黨第二次大會決議案。㈣中國共產黨組織綱領。

陳公博這一碩士論文,依一般規定以副本送交哥倫比亞大學圖書館收藏。從沒有人注意。直至1959年才被圖書館人員發現,經哥倫比亞大學東亞研究所韋慕庭教授整理考釋後刊行。這比較陳公博於南京偽組織時刊行的〈我與共產黨〉一文的撰寫早二十年。

毛幫以1921年7月1日中共第一次全國大會為共黨成立紀念日。陳公博是當時參加人之一,其記載則作「7月20日」——在當時參加這一大會的十數人中有六人留下紀錄,而所記載這一次大會的時日都不相同。「7月1日」之說乃毛幫造作,與陳獨秀

陳炯明頑強到底

陳炯明叛變後，受國內輿論壓力，1923 年 1 月 15 日，不得不通電下野。1924 年 1 月 24 日，炯明堂弟炯光病卒於河源軍次，炯明頓失左右手，頑固倔強益甚。時中山先生在廣州主持第一次全國代表大會，團結革命力量。黃居素因往訪吳稚暉、汪精衛等共策進行，孫、陳復合事。炯明舊部陳銘樞均加贊助。5 月，黃居素持吳稚暉萬言手函至汕頭訪炯明勸說。吳手札有云：孫中山包荒之量最大，應裝扮在領袖地位。炯明則擔負實際戡亂開太平之責。至於聯省自治，須省能自治，才能說聯，不應聯割據之省而予以自治之名。如無大規模解決，僥倖的一隅自治，輿論將以割據目之。炯明苟以小康自足，中國將無所賴。請陳取消模範起信之計，應以二十世紀之陳炯明，清除十六世紀之吳佩孚，建新中國於世界。如懷疑輿論不喜用兵，澄清中原必待稍有示信之後，則期期不敢附和，如始終以澄清中原之名詞為可笑，或今日尚非其時，則兩人貌合神離，終屬滑稽，應求根本觀念相同，小小犧牲，自然雙方不必計較云云。這是針對炯明主張聯省自治，反對北伐而言。炯明對吳素尊敬，得是信後，意少動，乃以示林虎等，林等不表同意。5 月 13 日，炯明覆信申明：並非反對中山先生為首領，亦非反對北伐，惟須有步驟掃除私人武力主義。並謂：「我即無狀，寧無悔心。」但求辦法對於雙方事實均行得通，自無不惟命是聽。同時又云：「我本造反出身，再造一個反，亦不算事。」矛盾、徬徨、動搖已可概見。

是年 6 月 25 日，黃居素邀汪精衛、廖仲愷代表中山先生至香

港，與炯明代表馬育航、鄧伯偉會商復合事。廖仲愷傳中山先生意：堅持陳炯明具悔過書為惟一條件。馬電陳請示。7月初，陳覆電難行。吳稚暉提議：東江劃防，停戰。孫先生領軍出贛北伐，陳炯明部攻福建，殊途同歸，到達長江後復合。9月，吳稚暉親往汕尾晤陳炯明，更懇請重與中山先生合作。吳旋赴韶關謁中山先生，懇請勿堅持以具悔過書為條件。

當陳炯明覆信吳之初，提出「只求雙方事實走得通」。黃居素即寄信炯明揭破：「公必自謂事實尚未走得通，在部下未能一致；我可能做到，部下未必能做到耳，此公之大誤也。」「今日所謂事實難行者，實不在部下之未能一致，而在公之本身。」「只當問事實是否當為？今設一譬，苟公之部下一致投北（京），公亦投北耶？」「故公今日大誤，在先求部下之一致，而不先下大決心求個人主張與行為之一致。無論何時，遂總覺走不通耳。」

同時，自1919年即應炯明邀約在漳州創辦《閩星報》的陳秋霖也寄信炯明指陳：解決廣東問題的人物，非孫即陳；可以行的兩條路，非投北即和孫。並說：「我們討論結果，分作上中下三策：上策就是與國民黨重新合作。中策就是浪遊歐美，宣言不幹政治生活，最下策就是投北統一。」陳詳細指出最下策的弊害，尤以「洛（陽）吳（佩孚）對於粵軍向存猜忌，縱使廣東將來因直系的援助而得手，洛吳必仍用其黃金白刃的政策，使粵軍內部自相殘殺，自相消滅」。「中下兩策，我們都以為不可，我們認為最可行的就是先生恢復革命者的人格，重新與國民黨合作」。陳秋霖並且勸炯明不要妄想另組黨：「標出個什麼聯治黨，或聯治社，恐怕這種社黨，只合號召政客，決不能號召群眾。」陳秋霖、黃居素寄炯明信中都鄭重表示信仰三民主義。炯明終不覺悟。

1925年2月，蔣中正率領黃埔學生軍東征，17日，攻克海豐。陳炯明倉皇出走。3月，中山先生逝世，炯明又有另組新黨之意。

旋得少數華僑資助，成立「中國致公黨」，任總理，唐繼堯副之。北伐成功後，炯明又圖與皖系軍人合作，多次赴大連、天津，有所活動，終因違反潮流，毫無所成。

　　陳炯明出身法政學堂，出任粵軍總司令，對無政府主義一知半解，被俄共、中共玩弄，妄想為列寧第二。新舊過渡時代的人，竟是如此不照鏡子，不自慚形穢，國事焉得不敗壞。

「五卅運動」的歷史意義

　　1925 年 5 月 30 日，共黨利用上海日本紗廠虐殺工人顧正紅事件，煽惑學生，在上海租界各馬路演講，與巡捕房發生衝突，致生流血慘案，中共青年團上海地區書記何秉義等十餘人被殺。共黨更進一步煽動上海工人於 6 月 1 日開始總罷工，同日，上海租界商界罷市。全國學生代表大會亦舉行會議，出席代表六十一人，共黨及其青年團分子佔多數，於會議中組織黨團，由惲代英任書記，於幕後操縱指揮，通過三大議案：㈠全國學生反帝國主義的任務與方略。㈡決定學生參加政治活動，努力於革命，並應參加本校之校務會議，干涉學校行政。㈢學生應參加各地工農運動，在學聯會中設農工部。

　　6 月 2 日，上海總工會在共黨支配之下，於 6 月 2 日成立，選舉李立三為委員長。共黨旋宣稱：截至 6 月 30 日止，上海罷工人數，已達三十萬人，並自誇張為東亞歷史上最大規模的罷工。

　　各省市地方也先後成立五卅慘案後援會，罷工、罷課、罷市，表示示威抗議。英國兵艦水兵曾在南京、重慶、廣州槍殺工人及遊行群眾，日本軍警在天津、青島也開槍釀成慘案。尤以 6 月 23 日廣州沙基慘案，引起省港大罷工。一方面助長「五卅運動」的高潮，一方面則更增加共黨之聲勢及其活動。在此以前，共黨不過有三千黨徒，從此以後，吸收新黨員極多，影響尤重大。故「五卅」對共黨之發展，實具莫大意義。

　　在「五卅」以前，北京大專學生因教育部禁止學生舉行「五七」國恥紀念，群情憤慨，北京大學學生會乃舉行總投票表決是

圖 24：五卅運動爆發時上海總工會的遊行隊伍

否罷課？共投票一千一百餘張，反對罷課者八百餘票。因此一「投票人多」、「手續整然有序」、「學生態度鎮靜」，北京上海各地報紙均曾讚揚，認為是「五四運動」以後學生運動史上一新紀元：在求學範圍以內做救國事業。不幸，「五卅運動」發生與擴大，全國各地學生罷課，青年走入邪道。胡適之博士因特撰〈愛國運動與求學〉一文指出：「國家的紛擾、外間的刺激，只應該增加你求學的熱心與興趣，而不應該引誘你跟著大家去吶喊。吶喊救不了國家！即使吶喊也算是救國運動的一部分，你也不可忘記你的事業有比吶喊重要十倍百倍的。你的事業是要把你自己造成一個有眼光有能力的人才。」

　　上述學生聯合會決議案中「應參加本校之校務會議，干涉學校行政」一項，在民國 1926、1927 年共黨在長江各省猖獗時，曾力求實施。當時有一法國青年適東來中國，目睹耳聞這些事實，不認識了解其內涵嚴重意義。其後這一法國青年返國後參加政治活動，1967 年，戴高樂主政時引起黃金美鈔問題，導致法國罷工、罷課風潮，這一法國青年奉派出任文化教育部部長，往事又在眼前（大陸有紅衛兵造反），竟生吞活剝將「學生干涉學校行政」也輸入法國！

　　「五卅運動」的發生與擴大，英國、日本不了解中國人民族意識的發展，仍一味使用槍砲屠殺政策，實為主要因素。上海租界當局且不惜壓迫輿論，火上加油。

　　當上海大罷工時，商務印書館發行的《東方雜誌》第二十二卷第十三號不能按時出刊，乃於7月初先出版「五卅」事件臨時增刊——筆者當時為訂戶之一，對此增刊用粗黑框的誌哀封面，印象深刻。內容有〈五卅事件之責任與善後〉（王雲五）、〈五卅慘殺事件事實之分析與證明〉（陶希聖）、〈什麼是誠言〉（岫廬，即王雲五）等論文，另有〈會審公堂紀錄摘要〉、〈重要函電彙錄〉，以及上海、北京各地有關活動照片。

　　9月11日，上海公共租界總巡捕房竟向會審公廨提起控訴，指控這一「增刊」妨礙治安，違反出版法及特別刑律，以商務印書館編譯所所長王雲五為被告。開庭時，王未到，由辯護律師出庭說明一切。經過三次開審，10月10日，雙方律師正式進行辯論。被告振振有詞，原告則強詞奪理。10月24日，會審公廨宣判：被告交二百圓保，一年內勿再發行同樣書籍。結案。

北伐誓師

　　中華民國之初，中外人都迷信袁世凱為「強人」，袁又運用各種途徑以謀取政權。致使中山先生擔任臨時大總統不過三月，惟有讓位於袁——袁既獲選為大總統，野心日露。中山先生領導「二次革命」、「討袁之役」，不幸均未成功。1916 年 6 月，袁世凱死，北洋軍閥仍控制北京政府，變本加厲，虐民逞慾。中山先生幾次主張討伐，其中 1921 年，親率北伐軍進駐桂林，因陳炯明受俄共愚弄，又暗通吳佩孚，阻撓北伐大計。中山先生改道韶關北伐，陳竟出毒手，中山先生幾瀕於危。北伐軍入贛各部惟有中途撤回。1924 年秋，中山先生復進駐韶關，大舉北伐。嗣因北方政局變化，中山先生乃先乘海輪北上。

　　中山先生認識訓練革命軍幹部的重要性，1924 年春，特命蔣中正主持籌備黃埔陸軍軍官學校。6 月 16 日正式開學。今日國歌

圖 25：1926 年，國民革命軍在廣州誓師北伐

詞，即當日中山先生頒示訓詞。是冬，中山先生北上前，巡視這一新成立的革命軍學校，深引為慰，有「我可以死了」之語。翌年3月，中山先生逝世。蔣校長即以實行中山先生北伐遺志自矢。首先率領黃埔學生軍擊潰陳炯明叛軍，底定東江，統一廣東。

蔣校長努力整軍經武，滲透軍校之共黨分子竟有異圖，蔣中正幸洞燭機先，制服陰謀，共黨勢力為之一挫。這就是民國1926年3月20日事件。但陳獨秀主持的中共機關報《嚮導》仍一再刊載反對北伐文字，充分顯露蘇俄赤色帝國主義和其他帝國主義國家一樣企圖瓜分中國，決不願見中國統一強盛的。蔣校長不顧一切，努力完成北伐大計，遂於是年7月9日在廣州誓師。

蔣校長當時策訂的方略是「打倒吳佩孚」、「聯絡孫傳芳」、「不理張作霖」。時湘軍唐生智部受吳佩孚壓迫，向國民革命軍投誠。北伐軍因得減除湘粵五嶺山脈作戰行軍的困難，順利進入湖南。吳佩孚以主力布防鄂境汀泗橋，竟不堪北伐軍一擊，從此一蹶不振。但其部將劉玉春固守武昌城。革命軍幾次以敢死隊砲兵圍攻。是年雙十節前夕，克復武昌，劉玉春被俘。

革命軍基於「聯絡孫傳芳」方略，前曾特派張群、何成濬等前往，孫之五省聯軍總部駐節之南京，祕密訪孫部陳儀、周鳳歧等。旋因陳陶遺與孫左右留學日本士官同學之助，得與孫懇談，向孫建議：㈠上策：與國民革命軍攜手共同北伐。㈡中策：局外中立。㈢下策：助吳對抗革命軍。孫當時正輕視革命軍。張與其再三討論，孫允採行中策，旋發表「人不犯我、我不犯人」各自保境安民主張。革命軍因得以全力專心取湘鄂。武昌克復，再東下江西，同時自福建攻浙，與孫傳芳對壘。幾經大戰，革命軍挾方張銳氣，終獲勝利，1927年3月，克復南京、上海。

蘇俄及中共原反對北伐，今見革命軍進行順利，乃轉採利用北伐以擴展農工運動，並利用唐生智野心，打擊蔣總司令威望。

故當國民政府自廣州北遷之際，演出寧漢分裂，鮑羅廷製造武漢赤色政權。幸蔣總司令明決於是年 4 月 12 日實行清黨，4 月 18 日，國民政府正式宣布建都南京。

國民革命軍北伐之迅速進展，實在是一般民眾遭受北洋軍壓迫太甚，革命軍以「不拉夫、不擾民」為號召，就獲得各地人民的歡迎。當時革命軍軍歌：「打倒列強，打倒列強，除軍閥，除軍閥；國民革命成功，齊歡唱，齊歡唱」。幾乎人人能唱。軍中劇團「血花劇社」——先烈之血，主義之花——演出話劇，也淺顯易為人接受。廣東軍隊的尖大斗笠，以及領上繫紅藍白三色布帶，表示自由、平等、博愛，意義也鮮明。

共黨「八一」南昌暴動

　　和平鬥爭和武裝鬥爭，同時並用，是共產黨徒擾亂世界的慣技；如列寧所說：這正好像一個銅元的兩面。就中共說來：1927 年 8 月 1 日，南昌暴動，是它武裝鬥爭的開始；1935 年 8 月 1 日〈為抗日救國告全體同胞書〉（簡稱〈八一宣言〉），又是它運用和平偽裝實行統戰陰謀的明顯信號。

　　中山先生容許中共分子個別加入國民黨，原是不使其獨樹一幟，消弭共產活動的一種措施。不幸中山先生逝世後，黨人意見紛歧，共產黨徒乘機擴展力量。1926 年夏，國民革命軍北伐前後，蔣中正洞燭機先，制壓共黨陰謀，次年 4 月 12 日，又毅然實行清黨。共黨乃利用「有野心無宗旨」的汪精衛於武漢建立赤色政權，大肆活動。5 月，兩湖軍人先後奮起剿共。7 月 15 日，汪被迫「分共」。共黨立即決定民眾武裝暴動政策，規定湘鄂贛粵四省秋收暴動計劃。適張發奎率部移駐江西，其中潛伏共黨分子甚多。俄人及中共因又陰謀利用張掩護所有共黨分子南下廣東，然後將張解決，而由共黨控制其軍隊，佔據廣東。

　　張發奎所屬第二十四師師長葉挺為共黨主要分子，第二十軍軍長賀龍尚未加入共黨，但其全軍均為中共分子所掌握。其他師長、團長多參加共黨，政工人員更屬清一色左傾。張發奎時擁護汪精衛，曾下令所屬高級軍官如葉挺等須退出軍隊或共黨。共黨遂不自安。

　　早在 7 月 19 日，共黨主要分子李立三、譚平山、鄧中夏等即自武漢至九江商討南昌暴動計劃。周恩來旋亦到達。決定在政治

上以「中國國民黨革命委員會」名義。原擬 28 日行動，不及，改為 30 日。而第三國際電令：如不得張發奎同意，即不可行動。賀龍、葉挺等多數人表示不必再顧及張，暴動不能遷延，更不可停止。31 日會議乃決定即夕行動。事實上：行動開始時已是 8 月 1 日拂曉。故稱「八一暴動」。正確的說：這是原屬國民革命軍張發奎部的軍事叛變。叛變的有賀龍第二十軍三個師、葉挺第二十四師、蔡廷楷第十師、李漢魂第二十五師之兩個團。共五個師、兩個團。賀龍首先將駐守南昌的朱培德兩個團包圍，雙方激戰甚烈。原任南昌公安局局長朱德，早經朱培德免職遣送出境，又祕密潛回南昌活動，暴動開始，朱德亦煽動朱培德部兩連參加。故實際上這一叛變，張發奎的部隊損失比較朱培德部為大。

其時，幸朱培德所屬第九軍軍長金漢鼎兼任九江警備司令，立即宣布戒嚴，並將所有受共黨影響之機關與民眾團體等一律解散，乃維持了這一重要口岸與長江中下流的聯絡，為後來 8 月 22 日汪精衛、李宗仁等會晤舉行寧漢合作初步會談，保留一安寧的中立地方。

南昌暴動當日，共黨主要分子假藉國民黨名義召集中央及各省市與海外代表三十四人舉行聯席會議，決定組織「中國國民黨中央革命委員會」，推選委員及主席團。事實上：若干被推選的人並不在南昌且沒有與謀。主席團下設各種委員會，如張國燾主持農工委員會，郭沫若主持宣傳委員會，林祖涵主持財政委員會，吳玉章任祕書處處長，李立三任政治保衛處處長，另設「參謀團」掌握軍事，由劉伯承、周恩來等掌握。

賀龍、葉挺等部在南昌搜刮錢財與武器後，8 月 4 日，開始南下。

「南昌暴動」最矛盾且最滑稽的莫過於假藉國民黨名義對國民黨暴動。由於史達林指示中共，故中共 7 月 13 日宣言尚有「國

忍辱負重十七年

圖 26：田中義一

1928 年 5 月 3 日，日軍在山東濟南的暴行，更加速中日關係的惡化。從此，日本田中義一大將及〈田中奏摺〉就成為中國人的眼中釘。

〈田中奏摺〉真實性如何，迄今沒有定論。但自 1928 年以來，我國報紙雜誌曾刊載其全文。1946 年，秦德純出席東京戰犯法庭作證時，提出這一〈田中奏摺〉。當審判長詢問其真實性，秦氏以日本侵略行動為這一文件的事實勝於雄辯之最佳證明。十餘年前，有謂苗栗人蔡智堪是自日本宮內省謀取這一文件的。但日人著書始終不予承認。重光葵撰《昭和之動亂》，以在官方檔卷中從未見及這一文件為詞。《田中義一傳記》下卷特列所謂田中上奏文之真相一節，閃爍其辭，不承認其真實性，而推卸責任於其政敵：根據「東方會議」決定的「對支政策綱領」等而造作，送交中國宣傳，作推倒田中內閣口實。不幸被俄共、中共利用作刺激中日關係的最好資料。終致演成鷸蚌相爭，漁翁得利的結果云──這種文詞是非常難以使人信服的。

事實上：當民國初年，中國討袁運動發生，田中時為參謀次長，即努力在南方扶植岑春煊、唐繼堯，而壓制中山先生領導的

中華革命黨。可以說田中是輕視中國國民革命運動，對「五四」
以後中國人的愛國運動也同樣不屑一顧。基於這種錯誤觀念，故
當 1927 年國民革命軍北伐，定都南京後，是年 6 月 27 日田中以
首相兼外相召集東方會議，7 月 7 日，發表「對支政策綱領」。翌
日，即藉口保護日僑，出兵山東。

是年 11 月 5 日，蔣中正偕張群遊日，訪晤田中首相。企望促
膝懇談，增加相互了解。蔣中正表示：中日必須精誠合作，以真
正平等為基礎，方能共存共榮。且日本必須擇有志愛國者為朋友，
中日乃能真正攜手合作。放棄武力，以經濟合作為張本，尤應為
日本政策主旨。並一再言：中國如不能統一，則東亞即不能安定，
故中國從速完成北伐，也就是日本的福利──董顯光博士於此記
載有云：「田中每當蔣總統談及統一中國之語，輒為之變色。迨蔣
總統辭出時，謂綜合與田中談話的結果，可斷言其毫無誠意；其
決不許我革命成功、國家統一，已灼然可見。因嘆曰：余此行之
結果，不能轉移日本侵華的傳統政策，可決其失敗；然於此可以
窺見日本政府的真意，亦未始不是一種收穫。」

1928 年春，國民革命軍繼續北伐。日本又出兵山東。蔣中正
為避免日軍阻撓，消弭兩方衝突的危機，特派張群東渡，不幸，
5 月 5 日晚，張氏行抵東京，日軍已在濟南攻殺革命軍，並辱殺
我山東交涉員蔡公時等。張氏亟往訪日本參謀本部第二部長松井
石根，再往見田中義一詳細說明一切。對於濟南慘案主張循外交
途徑解決。八日，張氏返回至徐州覆命。松井石根亦到達濟南。
兩人旋約定在黨家莊會晤，松井與濟南日軍參謀長及總領事來會，
反覆辯證，松井終同意一切循外交途徑解決。

其時，蔣中正早已令革命軍主力他移，改道渡黃河北伐，而
以步兵一團留駐濟南。這一戰略最高指導原則是著眼下述三項：
㈠表示不屈服的精神，並且表示濟南是日本兵力強佔的，而不是

中國人自己放棄的。㈡顧及國民革命全局，不能牽制北伐的進行。㈢保全革命軍主力，不作無意義的犧牲。這一戰略即為後來對日抗戰最高指導原則的典範。

　　蔣中正同時又發表〈告革命軍將士書〉：「圖報國仇，謀雪國恥，要使中國不受帝國主義的欺負，真正達到獨立自由的目的，今日只有忍辱負重，臥薪嘗膽，十年生聚，十年教訓，效法往哲先賢的志節，深信失土必能收回，國恥必可洗雪。」不幸，日本始終沒有認識中國在北伐完成以後的進步，「九一八」、「七七」，著著進逼，蔣中正領導全國軍民忍辱負重，奮起抗戰。1945 年 8 月 10 日，日本無條件投降，上距其在濟南暴行不過十七年餘。比較越王句踐整整生聚教訓二十年才洗雪國恥的時間還少三年，而句踐面對的敵人遠不如日本之強。這一事實證明：這一代的中國人埋頭苦幹，創造出青勝於藍的成績。

黃郛是「負責任」的模範

　　閱報載政務官將倡導負責任風氣的消息，不禁懷想最有擔當的政治家黃郛的風範。

　　1933 年 5 月 30 日，中日兩國軍事代表於天津附近塘沽簽訂停戰協定，當時人目為喪權辱國。自八年抗戰勝利，說明由於這一停戰協定所獲致的四年餘裕時間，國家力量始得稍加充實，長期抗戰的精神與物質基礎因以奠立，當事人黃郛的功罪是非，經過十二年而完全澄清，這在國史上是稀見的事例。

　　1933 年 2 月，日軍侵犯熱河省，守軍作戰不力。日軍又進迫長城各口。中央軍堅強抵抗，出乎日軍意外。但北平、天津無險可守。國民政府原計先死戰而後議停戰。4 月 17 日，日本公使館代辦走訪美聯社記者，提議外國武官是否可安排中日停戰談判？日軍可退至長城線。19 日，日使館代辦又與時居北平之英國公使藍浦森作上述表示。同日，黃郛、張群也在上海與日使館武官根本博商談。

　　其時，英、美兩國對日本提議均不願出面主持，日本又不願其他國家從中斡旋，於是惟有中日直接磋商。但黃郛、張群與根本博 4 月 19 日之談話，只泛論中日大局，沒有涉及停戰。27 日，陳儀（時任軍政部政務次長）與根本博會談，對華北停戰事才有比較具體意見。而日本駐北平武官永津佐比重認為應進一步威脅北平、天津，再談其他，更為有利。日本軍部信任永津情報準確，因採納其建議，推翻根本博原案。

　　國民政府為因應華北局勢，幾經考慮，5 月 3 日，任命黃郛

為行政院駐平政務整理委員會委員長。黃奉令後，經兩週之部署，其中並與根本博有三次會談。15 日，黃不顧友好之勸告——不必亟亟北上，平津局勢旬內即可見分曉——毅然離滬往北平。途中曾有人投擲炸彈。

自日軍大舉行動，日本特務機關更在平津祕密進行各種「策反」變亂，平津情勢緊張。15、16 日，北平軍委分會代委員長何應欽因派熊斌三次走訪日本武官永津。而日軍續進不已。17 日，黃郛抵北平，唐山失守，平津地方擾亂事件日出不窮。21 日，日軍前哨進至距通州四哩。何應欽當決定以徐庭瑤軍固守北平，其他軍政機關即移駐保定。黃郛雖窺知日本真意只在包圍平津，逼我作城下之盟，但永津武官既深固閉拒，不提條件；我方又恐條件嚴酷，不能自提；故黃郛已不復作停戰接洽之想。22 日，我外交部次長在北平與英使藍浦森談斡旋停戰事亦未得要領。何應欽等將離北平。晚十二時，黃郛突接其祕書李擇一電話，請即獨自前往日本海軍武官宿舍。會談通宵，翌早，停戰談判僵局完全打破，情勢急轉直下。

原來日本軍部早於 5 月 18 日即決定停戰，電令永津武官擔當商談使命。但永津對中國當局曾有極強硬表示，深感無顏自動轉圜。幾經往復，乃轉請海軍武官藤原喜代出面，託李擇一邀請黃郛往談。日本使館代辦也參加，商談二三小時，談話範圍最初至為廣泛：自抗日思想的起因，至排日運動之制止，黨部及中央軍之撤退，排日教科書之廢除等。其後，永津始出席會談有關停戰事項。永津為維持個人顏面，其所提議頗多超過關東軍司令官命令。

23 日，李擇一取得何應欽致黃郛函，同意即派代表前往密雲縣與日軍談判。翌日，中央軍開始後撤。25 日，中日軍方代表簽訂停戰覺書。30 日，何應欽派熊斌中將與日本關東軍代表岡村寧

次少將在塘沽簽訂停戰協定。

1945 年 9 月，日本無條件投降，何應欽代表我最高統帥在南京受降，岡村寧次大將以日本「支那派遣軍總司令」身分呈遞降書。十二年間，主客易位。歷史上這樣的諷刺場面，實在非常稀見。黃郛時已早逝，不及親見盛況。但其不顧一時毀謗，忍辱負重，毅然擔當挽救危局責任的政治家風範，實已贏得歷史上最高評價，更值得今人效法。當此倡導負責任風氣之際，黃郛的生平言行實在是「推」、「拖」官僚作風的針鍼。

北大教授對日問題的歧見

1933 年 6 月 4 日，北平出版的《獨立評論》刊載胡適博士撰〈保全華北的重要〉，指出整個的中日問題一時無法解決，而華北的危機目前必須應付。因此主張華北停戰。這是〈塘沽協定〉還沒有正式宣布以前，北平學術界領導人士公開表示支持華北停戰。

早在 1915 年，日本向袁世凱提出〈二十一條〉要求，胡適時在美國留學，即認為日本是中國大患，自矢努力研究日本，為理智的愛國主義者。1931 年「九一八」事變發生，胡與丁文江都以為「久在意中」。11 月，胡特作長信致宋子文，主張政府當局應該接受日本政府在國際聯盟提出的五個基本原則，開始交涉。翌年 5 月，《淞滬停戰協定》成立，胡適即於新創刊的《獨立評論》撰文指出：淞滬戰役發見了我國民的抵抗力，增高我民族自信心。政府當局也表現一點負責任的態度。

1933 年 2 月，日本侵犯熱河，進迫長城線，胡適與丁文江曾一再撰文主張盡力積極防守國土，同時在不喪失領土主權的範圍內與日本交涉，並且應該利用一切國際的關係以緩和當時的危急，以牽制日本使其與中國有妥協可能。不幸，當局對幾次難得的機會均沒有能把握，而戰局惡化。3 月 13 日，胡適與丁文江等至保定晉謁蔣委員長。

4 月 2 日，胡適因日本退出國際聯盟，特於《獨立評論》撰刊〈我們可以等候五十年〉：「國家的生命是千年萬年的生命，我們不可因為眼前的迫害，就完全犧牲了我們將來在這世界上抬頭做人的資格。」「我們要準備犧牲，要準備更大更慘的犧牲。同時

我們要保存一點信心，沒有一點信心，我們是受不起大犧牲的。」
語重心長，已有歷史證明，實更可作我們今日的座右銘。

其時，日軍進迫不已，若干大學教授徐炳昶等主張堅決戰爭，
「寧為玉碎，不為瓦全」的陳腔俗套響徹南北，胡適則撰文鄭重
表示：「我自己的理智和訓練都不許我主張作戰。」「我極端敬仰那
些曾為祖國冒死拼命作戰的英雄，但我的良心不許我用筆鋒來責
人人都得用他的血肉去和那些最慘酷殘忍的現代武器拼命。」同時
胡適對董時進博士於天津《大公報》撰刊〈就利用「無組織」和
「非現代」來與日本一拼〉一文更表示憤慨：「老實說，我讀了這
種議論，真很生氣。我要很誠懇的對董先生說：如果這才是救國，
亡國又是什麼？」如果「脫開赤膊，提起鐵匠舖的大刀」──「如
果這叫做『作戰』，我情願亡國，決不願學著這種壯語主張作戰。」
胡適並鄭重指斥這種不負責任的言論是「廢話」！

早在胡適主張對日交涉時，丁文江贊成，傅斯年極表反對。
自胡發表〈保全華北的重要〉一文，傅更憤怒不可遏，一反過去
對胡執禮甚恭的常態，申言退出獨立評論社。胡非常傷感。嗣經
丁文江寄長信給傅斯年說明，傅始打消退出獨立評論社原意──
這一事實說明：國家危亡之秋，高級知識分子發抒獨立見解的認
真態度，絕不人云亦云，毫無主見。

蔣夢麟博士撰刊自傳《西潮》及已公開印行之中美外交檔案，
知〈塘沽協定〉以前，即 4 月 19 日（1933 年），蔣夢麟自英使藍
浦森處得悉日軍停戰意向後，當晚即與胡適、丁文江在何應欽處
有一重要會議，一致同意由蔣往見英使詢問可否安排中日停戰談
判事宜。20 日、22 日，蔣夢麟與英使有兩度會談，了解英國政府
意旨。但外交部部長羅文榦不同意此項商談：「絕對不能直接交涉，
即停戰亦須在國聯盟約及迭次決議案範圍之下。」「不論外交或軍
事當局不能簽訂任何停戰協定，因一簽訂，在法律上永不能以自

己力量收復失地。」故蔣夢麟停止與英使會談。

　　1921 年，羅文幹曾任北京大學教授與蔣夢麟、胡適等同事，其操守為蔡元培所尊敬。胡適與傅斯年誼兼師友，而在對日問題上主張不能相同。想望前輩風範：學術自由，獨立見解，真理愈辯愈明。今日尚有何人？

盧溝橋事變

　　1937 年 7 月 7 日夜，日軍在北平西南二十六里之盧溝橋演習完畢後，忽以缺少一兵士，誣為當地中國軍隊殺害，要求入宛平縣城搜索。從此引發中日八年長期戰爭，蘇俄及共匪乘機收漁人之利，為今日亞洲及全球禍亂之源。

　　自 1931 年「九一八」以後，日軍輕易佔有我東北。1933 年 5 月，〈塘沽協定〉後，日軍又企謀華北五省特殊化，以政治經濟侵略作前衛，軍事侵略作大本營，而以分化中央與地方為惟一手段。土肥原奔走兩年用盡心計，勞而無功，其後繼高橋、松室、松井諸特務機關長，仍舊努力，又無所成。日軍部乃變更政治分化為軍事侵略。1936 年 9 月 18 日豐臺事件，實軍事上第一步之嘗試。我國為顧全大局，始終保持和平態度，日人以為輕而易舉，遂進一步作略取盧溝橋的計劃。

　　盧溝橋即架於盧溝河（今永定河）上之大石橋，金朝建燕京時始建，長二百六十六‧五公尺，寬七‧五公尺，為華北偉大工程之一。《馬可波羅遊記》中曾有稱述，故外國人稱這一大橋作「馬可波羅橋」。其地扼平漢鐵路咽喉，當北寧、平綏兩鐵路衝要；不特為北平命脈，且亦為河北、察哈爾兩省的屏障。在鐵路未通以前，已為古昔兵爭要地。1930 年代，宛平縣政府、行政督察專員公署均移設於此，以資控制。自豐臺事件發生後，日軍一大隊（約七百餘人）進駐盧溝橋附近，時常演習，甚至要求穿城而過。且復於豐臺至盧溝橋間地帶六千餘畝，實地測量，意圖收購作兵營及飛機場。中日雙方交涉二十餘次，日人且以重利賄當地少數地

主，終因我方有該處全體地主均不願出售之呈文與手印，存宛平縣政府及專員公署備案。真正民意如此，少數被誘者不敢出面。日人因此知非實行軍事侵略，終無法獲得寸土，演習乃逐漸加緊，遂有「七七」之變。日軍一兵士失蹤，要求入宛平縣城搜索，經我方拒絕，日軍即向宛平東西兩門外砲擊。我守軍吉星文團長為正當防衛起而抵抗。8 日，中日雙方在北平協議停火，各將軍隊向永定河東西兩岸撤退，宛平縣城防，由河北保安隊接替。9 日拂曉，我軍依約撤防，乃日軍背約棄信，突以大砲轟擊。再經協商，戰火停止。

11 日，我外交部發言人對中外記者說明：日軍行動「乃其有計劃有作用之行動」。「我方始終維護和平，期此事件早日解決，深盼日軍立即撤退，並為避免將來衝突，切實制止非法之駐軍與演習，庶幾事態好轉，收拾較易，否則一誤再誤，日方固無以自解其重責，遠東之安寧或將不免益趨於危險，恐尤非大局之福。」三十餘年後重讀，可知此非外交辭令，實在事態非常嚴重。

但是日日本近衛首相於閣議通過陸相提出的動員後備役計劃，旋發表維持華北治安，出兵聲明，時近衛成立內閣不過三十三日，如不同意陸相計劃，陸相辭職，內閣即將倒臺。近衛且企求獨立控制政府，不受軍方影響，故寧願採取一對華強硬政策，以鞏固本身地位。但日本軍部已缺乏中心權威：陸相提動員出兵案，參謀總長並不以為然，即外務省態度也不主強硬。近衛依違兩者之間，玩弄和平戰爭兩面手法。7 月 24 日，其對華密使宮崎龍介於神戶將登輪時被憲兵逮捕。

冀察政務委員會委員長宋哲元在北平首當其衝，初應用拖延手段，以求餘裕時間。但日軍有計劃行動，劍及履及，26 日，日本「華北駐屯軍」對宋提出最後通牒：限期 28 日正午作滿意答覆。翌日，日本政府發表對華北採取「自衛行動」聲明。20 日內閣決

廬山談話會

1937 年 7 月 14 日，全國各大學著名學者、教授、各黨派及無黨派人士，一百五十餘人，應當局邀約，分別來廬山牯嶺，舉行談話會，以溝通朝野對中日關係的意見，這原是六月所決定，現值盧溝橋事件發生後七日，自然更顯示其重要性。

北平、天津各大學校長教授蔣夢麟、張伯苓、胡適、陶希聖等於 8 日啟程南下。到達南京即發現空氣甚為緊張，一切都為了備戰。各人心情均感興奮而沉重。

廬山談話會揭幕後，7 月 17 日，舉行第二次共同談話會，蔣委員長親臨主席，報告河北情形，並發表解決盧溝橋事變的最低限度辦法。首先說明：「國民政府的外交政策，向主張對內求自存，對外求共存。……過去數年中，不惜委曲忍痛，對外保持和平，即係此理。」但這次盧溝橋事變絕不是偶然突發的，因「一月來對方輿論或外交上直接的表示，都使我們覺到事變發生的徵兆」。「從這次事變的經過，知道人家處心積慮的謀我之亟，和平已非輕易可以求得。」「如果盧溝橋可以受人壓迫強佔，那麼我們五百年故都，北方政治文化的中心，與軍事重鎮的北平，就要變成瀋陽第二。」「今日的北平若果變成昔日的瀋陽，南京又何嘗不可變成北平。所以盧溝橋事變的推演，是關係中國國家整個的問題。此事能否結束，就是最後關頭的境界。」「盧溝橋事件能否不擴大為中日戰爭，全繫日本政府的態度，和平希望絕續之關係，全繫日本軍隊之行動。」「我們希望和平而不求苟安，準備應戰而決不求戰。我們知道全國應戰以後之局勢，就只有犧牲到底，無絲毫僥倖求

圖27：1937年7月17日蔣委員長在廬山發表講話

免之理。如果戰端一開，就是地無分南北，年無分老幼，無論何人，皆有守土抗戰之責任，皆應抱定犧牲一切之決心。所以政府必特別謹慎以臨此大事，全國國民，亦必須嚴肅沉著，準備自衛。」

蔣委員長明白宣示中國的立場，而日本軍閥仍肆意橫行。於是這一演詞就是中國對日抗戰的揭幕。

據陶希聖記述：出席人士靜聽這一宣示以後，紛紛集合在胡適博士所居仙岩飯店房間裡討論。有人說：中日之間還有談判餘地。有人說：中央軍已有三師北上；委員長不是說過「什麼何梅協定，我把他撕了」的一句話嗎？

廬山談話會舉行二次共同談話會以外，還有分組會議。北平、天津前來參加的人士大多參加第一分組。這一分組談話會第一次集會，談到北平的情勢。陶希聖等力言：第二十九軍是抗日的：「牯嶺，今日是全國視線集中的軍事政治中心。我們在這裡說：二十九軍可靠，二十九軍就可靠。」陶氏並記載：蔣委員長特別邀集平津來賓會談。有人提出二十九軍之事。委員長高聲說道：我信任二十九軍。二十九軍是愛國的。

20日，分組談話會，胡適發表對教育意見，主旨在強調：國防教育不是非常時期的教育，是常態教育。25日，胡請陳布雷電告南京：要研究關於華北的一切外交文件，即使不能發表，亦應印成密件，使政府當局知道他們（文件）的實在文字與意義。27日，

汪精衛邀請胡與若干人士聚餐，以對日外交為主題。汪宣讀南京
寄來的一份長文件，敘述 1935 年 5 月至 7 月 9 日的幾次軍事諒解
──即所謂「何梅協定」的歷史。胡力勸汪請中央將此文件公布。
28 日，胡自牯嶺抵南京，旋與美國大使等晤談。30 日，胡在高宗
武家與程滄波、蕭同滋等午餐，決定：㈠外交路線不能斷絕，應
由高宗武積極負責去打通此路線。㈡時機甚迫切，須有負責任的
政治家擔負此大任。8 月 6 日，胡適上函蔣委員長，主旨為大戰
之前要作一次最大的和平努力。因㈠近衛內閣可以與談，機會不
可失。㈡日本財政有基本困難，有和平希望。㈢國家今日之雛形，
實建築在新式中央軍力之上，不可輕易毀壞，將來國家解體，更
無和平希望。

　　8 月 13 日，淞滬戰役發生，胡適旋膺命以非正式代表赴歐美。

重工業與交通建設

　　現代戰爭的基礎在經濟，重工業與交通建設，尤關重要。自1932 年淞滬戰後，國民政府即注意於此，以為抗戰禦侮的準備，因設立資源委員會主持重工業建設，其所網羅與培植的人才，多居日後臺灣若干公、民營企業領導。

　　1935 年，資源委員會開始在湖南湘潭建立鋼鐵廠，生產能力為每年十萬噸。1937 年又在長江下游建立一年產十萬噸之鋼鐵廠。並在湖南茶陵及湖北靈鄉開採鐵礦，以供鋼鐵廠之用。又在湖北大冶、陽新及四川彭縣建採銅礦及鍊廠，年產二千四百噸。並建廢銅鍊廠，年產一千二百噸。湖南及廣西之鉛、鋅礦及鍊廠之建立，每年生產鉛、鋅各五千噸。

　　至於煤礦，經於 1936 年開始建廠開採的有：江西高坑煤礦，年產三十萬噸；江西天河煤礦，年產十萬噸；河南禹縣煤礦，年產四十萬噸。著手進行的有湖南潭家山煤礦，年產三十萬噸。

　　1935 年，陝西永平、延長石油礦，已開始出油，嗣因共匪佔據而告停頓。四川巴縣、達縣石油礦則已建廠。並著手舉辦重油提鍊廠、煤油鍊廠。

　　化學工業中之氮工廠，除作肥料外，其硫酸、硝酸及鍊焦副產品可供兵工之用，亦已建立。無水酒精廠，計劃年產四百萬加侖，以供摻合飛機汽油之用。

　　湖南湘潭之飛機發動機廠，第一年產一百具，以後逐年擴充。其他原動機廠、工具廠、紡織廠、電工器材廠、四川長壽水電廠的次第著手興建。計劃於 1939 年冬將冶金、燃料、化學、機器及

電汽五種工業，樹立堅固基礎，以達自給之目的。

銻、鎢為軍備合金重要原料，中國出產佔世界供給重要部分，當各國軍備競賽，實為中國對外磋商信用借款的利器。資源委員會因特加統制統銷，其盈餘即作建設重工業之用。

資源委員會為經濟動員的準備，曾詳細調查各地工業、農業、交通等資料。

建設重工業的同時，國防運輸亦受重視。1936年7月完成蘇州至嘉興鐵路。自是南京至杭州運輸不經上海。「八一三」之役即發生功效。同年9月，山洞橋樑等工程浩大的粵漢鐵路較原計劃提前通車，更為溝通江南、華南一大動脈。「八一三」後，十日之內將粵漢、廣九二鐵道接軌，使自香港、九龍內運能力加速，又築黃埔支線，增加軍民物資內運能力。

1934年，杭州至玉山鐵路通車，給予時人一新啟示：即如再向江西進展，橫貫贛境而與株萍鐵路相接，則這一幹線不獨為江南一東西幹線，且與粵漢鐵路接軌，廣州、上海間可以通車。因之繼續展築，1937年9月鋪軌至江西萍鄉，浙贛、粵漢兩鐵路接軌。時錢塘江大鐵橋亦完工，華北各路及京滬鐵路機車列車以及重要器材由此疏運至西南後方以數百列車計，兩廣軍隊也利用此路赴援江南，其後錢塘江大橋經我自動炸燬，以免資敵。

1937年春，湘桂鐵路開始準備動工。湘黔鐵路亦已開工，隴海鐵路繼續西展。鐵路以外，公路建設尤積極進行，四通八達，運輸便利。

同年4月，陳誠曾說：1936年一年的建設成就超過1932年至1935年間四年的建設工作，而這四年的建設成果又相當民國以來二十年的總和。這些事實說明：國民政府為準備抗戰禦侮工作的努力。

整理陸軍準備抗戰

　　自九一八事變發生，中日關係日見惡化，國民政府把握安內攘外的政策：消弭各省紛亂、圍剿江西共匪。1935年，江西蘇維埃區清除，四川亦傾心擁護中央，乃開始整理陸軍，準備抗戰。「八一三」淞滬會戰支持三月，八年長期抗戰，終獲勝利；整理陸軍，愈戰愈強，實在是主要因素。

　　抗戰以前，中國常備兵額達一百七十餘萬人，平時部隊，多至一百八十師以上，編制複雜，武器種類，制式不一，裝備器材缺乏，官兵訓練不精，因之數量雖多，素質卻甚薄弱，不合現代化軍隊要求。1935年春，蔣委員長為分期整理全國陸軍，特於武昌行營設立陸軍整理處，調派陳誠兼任處長，俞大維、周亞衛、鄒作華、盧致德等為研究委員。按照國防需要及財政狀況，計劃將全國陸軍逐年分期訓練為「教導師」。在未編成「教導師」以前，先行整編成「整理師」，暫訂四年之內，即至1938年底，完成六十個師。1935年第一期整編，就㈠駐贛閩之中央部隊中抽調四個師，分駐武漢、開封、鄭州、保定訓練。㈡原東北軍之一個軍。至整理實施步驟：甲、設立軍官教育團。乙、設立軍士教導隊。丙、特種兵及步兵重兵器部隊及各級幹部之訓練。丁、參謀人員、軍佐人員之準備。同年6月9日，蔣委員長命令：全國騎兵、砲兵、工兵均由陳誠督導整理。陳誠以騎兵屬於中央、東北、山西、甘肅、寧夏各地者共九個師十個旅，編制及裝備缺憾殊多，惟有就現況先行嚴格整理，編成若干旅，然後再視情勢補充器材以漸次完成現代化騎兵之組織。原屬東北軍之第五十七軍何柱國部即

被指定為首先整編對象。

　　陳誠又召集各砲兵部隊長在武昌會議，僉以國內各部隊均不適合現代戰爭要求，屬於整理範圍之火砲計五百六十七尊，其中過於陳舊的有一百一十尊。陳誠當計劃將各砲兵單位先行裁併，將節餘經費移作補充器材、馬匹及逐次更換新砲與裝備。並以南昌砲兵訓練處積極訓練新幹部。又將江西南城土木工程訓練班作基幹，編練工兵三營。

　　1936 年，我軍方衡以現代作戰上之要求，及裝備上之可能，與調整施行容易，又調整陸軍師之編制。並以減少大單位（縮減師旅數），充實小單位，即充實團以下之編成，將各營小砲集中師部成營，迫擊砲分屬各營為排，步兵團增加榴彈砲一連，步兵連改為九班混合制，以期增強火力。並更換槍械，補充重兵器，減少步兵，完成師屬各特種兵，增設各獨立特種部隊，機械化部隊。二十五年度已調整二十個師，計劃二十六、二十七年度各再整編二十個師共六十個師。並擬於二十七年底完成或成立以下部隊的大部分：輕砲兵三十團、重砲兵五團、騎兵十師、戰車二團、裝甲汽車二團、高射砲七團、化學兵五團、工兵三團、通信兵五團、交通兵四團、鐵道兵一團、鐵甲車隊五大隊。

　　如陳誠 1936 年 11 月所說：抗戰發動越遲越有利，因可以爭取準備時機。「假使目前發動，一定處於被動的地位，如再遲一年，最低可以做到半主動地位，再遲兩年可以做到完全主動地位。」即謂「民國二十七年底」。

　　國民政府於 1936 年 3 月，實施徵兵法。原計於五年之內推行全國。是年先就蘇浙皖贛豫鄂六省設立師管區、團管區。八年長期抗戰，兵源不缺，這是一主因。

　　一位外國作家曾說：「中日之戰，在中國是太早了五年，在日本是太遲了五年。日本容許中國準備五年，始行開火，是太遲了。

中國如在 1937 年再堅忍五年，日本或不敢再和中國作戰。所以中國是太早了。」比證上述陳誠談話，旁觀者清，信乎不虛。

江陰封鎖線

　　自第一次中日戰爭（甲午戰爭），黃海大東溝之戰，中國海軍失利；日本又加緊擴充重工業、造船業、海軍建設，年有進步。中國則外患內亂不已，重工業迄未建立，造船技術落後，相形之下，自居劣勢。雖有急起直追心願，又限於財力人力，一切籌劃，均難實施。

　　1937 年「七七事變」發生，我為鞏固江防，原有迅速布置封鎖線，使長江日艦無法下駛，予以擊滅的計劃。不幸，汪精衛的祕書黃濬（秋岳）竟洩漏機密。8 月 6 日，漢口日僑全部撤退，長江各地日艦急駛下流，集中上海。我亡羊補牢，亟謀鞏固江防，拱衛首都。

　　8 月 11 日，我海軍派遣艦艇，先就江陰下游一帶，實行燬除航路標誌，如燈塔、燈椿、燈船及測量標桿等，使日艦失去目標，不易活動。

　　同日晚，我海軍又實施江陰下游港道堵塞。以阻止日艦衝入長江。先以海軍艦齡較大的八艦艇及國營招商局與各輪船公司徵集商輪二十艘，合計二十八艘，下沉堵塞。旋又增加四艦三商輪下沉，先後應用大小艦輪三十五艘，合計六萬三千八百餘噸堵塞。旋為增強防線力量，又先後將長江中下游各口岸躉船拖來沉塞，並自蘇浙皖鄂各地徵用石塊多噸，民船、鹽船多艘，陸續填下，以補罅隙，同時並於江陰一段敷布水雷。

　　江陰封鎖線既經完成，我海軍主力即列最前線扼守。日軍以我軍此項布置為一重大障礙，軍艦力量無可施展，遂盡量利用空

軍威力，壓迫我扼守防線的艦艇。8月16日起，日海軍飛機不斷空襲我艦艇。22日，我寧海艦擊落日機一架。官兵勇氣倍增。9月22日，日機大舉來襲，先後歷六小時，我艦兩艘負傷，日機被擊落五架。翌日，日機七十餘架又分批向我艦隊四周進襲，且集中以平海、寧海兩大艦為轟炸目標。雙方展開猛烈海空戰。日機被擊落四架，其中一架機體碎片紛墜我平海艦望臺上。25日，日機又來襲，我平海艦沉著應戰。嗣以高射砲彈連日消耗極多，未及補充。乃於存亡呼吸之間，突發艦首十五公分巨砲，擊落日機二架，沉落江中；平海艦亦已被炸傷進水，卒至沉沒。我再調艦增援。日機亦繼續轟炸不已，我乃將各艦大砲分別折卸，安裝江陰南北適要地區。以發揮力量迎擊日艦。並於鎮江布置砲位，所有砲隊員兵，均由各艦調用，防務相當鞏固。

淞滬會戰演變，我軍步步退守，錫澄國防線並於11月26日放棄。27日，日陸軍攻擊江陰要塞，激戰五日，12月1日，我因援絕不守。但11月30日，我砲隊仍於和尚港傷燬日艦五艘。

江陰要塞失守，封鎖堵塞線工事堅固，清港需時，故我海軍得從容於長江中游布置第二道防線，是年（1937年）冬，次第將荻港至九江間所有航道標誌三十餘處完全毀除完畢，並將安徽、江西沿江各要地堵塞工程完成，湖北省境封鎖計劃亦開始實施，武漢附近增置砲位，進行安置海砲工作。復於荊湘交通要阨，組成砲隊，配置砲位，敷設水雷，作第三道防線。

早在1937年6月，我海軍即密切注意日軍對汕頭、廈門的企圖。「八一三」全面抗戰展開，我即著手封閉閩江，9月18日，將芭蕉、馬尾間所有航行標誌，一律破除，並徵用商船、帆船、沙石等，於10月中將堵塞線建成；更將留閩各艦大砲折卸上岸，構成砲兵陣地，海軍陸戰隊並協同要塞各砲臺併力防禦。同時，海軍陸戰隊也開拔至浙江衢州、金華擔任防戰任務，又於珠江一

帶從事布雷工作。

　　我海軍建設限於國力，沒有攻擊及海防能力，而能努力於鞏固江防，達成阻遲敵人進展目的，實在是盡了軍人責任。

「八一三」全面抗戰

自盧溝橋事變發生，蔣委員長即鄭重宣布：「萬一真到了無可避免的最後關頭，我們當然只有犧牲，只有抗戰！」而日軍進逼不已，又在江南尋釁。是年（1937年）8月13日，淞滬會戰開始，中國對日全面抗戰從此展開。

早在1932年春上海停戰後，政府即就「一二八」戰役經驗，預籌淞滬一帶國防計劃。惟因停戰協定限制，不能在淞滬地區設防，乃先整備沿江海岸要塞、構築預設陣地工事、建築蘇嘉鐵路等。嗣因日軍在上海虹口靶子場，以其海軍陸戰隊本部為上海作戰的基地核心，並於楊樹浦公大紗廠及滬西豐田紗廠設置軍事據點，形成其兩翼。更在租界內外日僑商民區內設置軍事設備八十餘處。中國亦即於上海北站附近建築兩路管理局大廈，其高度與堅固性約略與日海軍陸戰隊本部相等。兩大堡壘，遙相對峙。1935年冬，又祕密構築京滬區作戰工事。淞滬外圍各要點：龍華、徐家匯、虹橋、北新涇、真茹、江灣、廟行、大場等地建設圍攻工事。更於常熟、福山、吳縣（蘇州）間，利用洋澄湖、漁山湖構築陣地工事。

依上海停戰協定：上海市區僅駐有我保安總團、警察總隊、市保衛團等，國軍不能進駐，乃以兩師兵力於京滬鐵路線機動駐守，並另以一團兵力喬裝憲兵駐松江縣，另一團喬裝保安總團駐虹橋機場及龍華。

盧溝橋事變後，日軍又於上海江灣等地示威，並常以部隊施行夜間演習於滬西等地，一再挑釁。旋復藉口水兵一人失蹤，20

日，日陸戰隊參謀長先要求中國飛機停止飛行於上海市上空。8月8日，蔣委員長發表「告抗戰全體將士」演講：「倭寇侵佔平津，殺我同胞，全國一致，急起抗戰。」8月9日，日陸戰隊兩官兵乘汽車衝入虹口機場示威，不服制止，我保安隊激於義憤遂行還擊。將日官兵擊斃。11日，日軍提出撤退保安團隊及所有防禦工事的要求。日海陸軍亦向上海進發。

政府見事態發展，戰機一觸即發，當於11日晚九時，命令集結吳縣常熟無錫一帶的國軍即向上海市區推進。同時並令砲兵部隊前進。12日，又令漢口部隊東運上海。江陰封鎖線及長江下游航行標誌的破壞亦同日完成。

12日午，國軍均已達到指定位置，按當時準備，已可進入戰鬥，制機敵先，進撲日軍虹口防線。13日，外交部發表聲明：「盧溝橋事件發生以來的種種行為，均屬侵犯我國領土主權與違反各種國際條約，我國處此環境下，忍無可忍，除抵抗了暴力實行自衛外，實無其他途徑，今後事態之演變，其一切責任，應完全由日方負之。」

其時，日軍已於上午越界強佔八字橋持志大學，黃昏日軍戰車及兵艦開始向國軍射擊。國軍亦奉命以掃蕩日軍上海基地之目的，對敵實行攻勢作戰，重點指向楊樹浦港以西至虹口公園、日海軍陸戰隊司令部間。當晚（13日）國軍第八十七師佔領滬江大學。翌日，第八十八師驅逐日軍，佔領持志大學、五洲公墓、八字橋、寶山橋各要點。滬西豐田紗廠日軍驚惶撤退。同時，空軍轟炸匯山碼頭、公大紗廠、日陸戰隊司令部，均命中起火。其旗艦出雲號亦被炸。15日至17日間，陸海空軍各部隊對日軍據點及艦艇，奮勇攻擊，已進展至閘北、虹口、楊樹浦之線。18日，國軍整理戰線。19日，續行對日軍猛烈攻擊。21日夜，國軍衝抵匯山碼頭。

　　國軍及日軍均大量增援，戰爭焦點向北移至張華濱、吳淞一帶。9月17日，國軍始停止攻勢，改取防禦作戰。11月9日，國軍轉移兵力於吳福國防線。淞滬會戰歷時約三月，國軍於地形複雜中外勢力交錯環境中，充分發揮旺盛攻擊精神，粉碎日軍「三個月解決中國事件」的妄言。「好的開始，就是成功的一半」。對日抗戰勝利，實在由這一「緒戰」就奠立基礎。

「八一四」空軍節

1937 年 8 月 14 日，日本飛機進襲杭州筧橋空軍基地，我機升空迎戰，擊落日機三架，我機無損失。對日全面抗戰之始，首創光榮紀錄，是國民政府六年來努力空軍建設的成績，政府因明令訂是日為空軍節。

1931 年 7 月，杭州中央航空學校以軍政部航空學校為基礎改組擴建成立。飛行班分初、中、高三級，初級在洛陽、廣州兩分校舉行，中高兩級則在杭州本校。自招生、訓練、畢業均採嚴格主義。原計每年畢業飛行生應有四百人，但因身體檢查嚴格，招生多不足額。每年平均不過二百五十人。1936 年 7 月，飛行員生畢業人數合計約七百餘人，機械生計三百四十三名，照相士、轟炸士、無線電訓練人員共三百零一名。洛陽分校成立於 1934 年冬，翌年秋，廣州分校成立。1936 年 4 月，航空機械學校成立於南昌，期使機械人員之養成，能與飛行人員數目相適應。同時又於南京設立偵察班，訓練空中偵察人員。

人員養成以外，1934 年 10 月，中國與美國聯洲航空公司合辦之杭州中央飛機製造廠開工。1936 年 10 月，中義合辦之南昌中央飛機製造廠開工。同時，中德合辦之萍鄉中國航空器材有限公司積極建築廠房及擴充機房，並在國內訓練工人，派工程師赴德廠實習。

1934 年，航空署改組為航空委員會，軍事委員會蔣委員長兼任委員長，就原有的驅逐、偵察、轟炸三隊擴編為八個中隊。1936 年再擴編為九個大隊：轟炸、驅逐各三個大隊，偵察二個大隊，

一攻擊大隊。下轄三十一個中隊,擁有各式飛機三百一十四架。1937 年 5 月,又就空軍國防計劃,實行區制,將全國分為六個空軍區,先成立第三空軍區司令部於南昌,復成立第一空軍區司令部於南京。時全國共有機場二百六十二處。但設備完全的不過十分之一。

政府當局基於情報,認識日本空軍力量。但日本在防空兵要地理上為一島國,受空襲的機會較大。依「七七事變」時國際關係,如日本單獨對中國作戰,可使用於第一線飛機約一千架。兩相比較,日本空軍顯居優勢,惟戰場在中國境內,以日本平時之準備,其地面設備不能容納如許兵力,尤其在東海沿岸,毫無根據地。就戰場言,日空軍處於外線,國軍得藉內線機動之便利,地面設備之完善,於重要時機迅速轉移空軍兵力,以獲得某一方面之優勢,予日空軍以打擊,而消耗其兵力。這就是我空軍所以有恃無恐,抱必勝決心信心,充分發揮旺盛士氣的主要因素。

「七七」以後,空軍因航空委員會不便於指揮作戰,乃設立空軍前進指揮部,綜理全軍作戰指揮事宜。最初計劃以全力協同海陸軍,先行擊滅長江以內日艦,然日艦先行撤離,未能實施。而華北戰局緊急,空軍為協同陸軍阻擊進犯之敵,曾編成天津及南苑兩支隊,準備調往華北。8 月 11 日,空軍對河北作戰準備全部完成,部隊亦已就準備位置。當時之主要轟炸目標為天津、豐臺、山海關、錦州等地日本空軍基地,企圖於第一次轟炸後,翌日即予日陸軍大規模之轟炸,協助陸軍襲取日軍據點,一鼓收復平津,然後轉趨江南,拱衛首都。12 日,上海情勢極度緊張,政府當局以上海密邇南京,且緒戰為國際觀瞻所繫、國民作戰志氣所關,遂放棄正面之襲擊,仍依一年來與京滬警備司令長官之協定:先協助上海國軍襲取日軍地區,阻止日援軍登陸,兼策首都空防之安全。8 月 13 日,空軍全部兵力轉移於京滬杭地區。翌日,

我機出動炸毀日本公大紗廠等地。日機分自臺北與濟州島（朝鮮半島西南海面）兩地以遠程轟炸機進襲南京、杭州、南昌等地。我驅逐機隊升空奮勇迎擊，於杭州上空擊落日機三架，首開光榮勝利紀錄。

文明叢書──
把歷史還給大眾，讓大眾進入文明！

文明叢書 12

文明世界的魔法師──宋代的巫覡與巫術

王章偉／著

《哈利波特》、《魔戒》熱潮席捲全球，充滿奇幻色彩的巫術，打破過去對女巫黑袍掃帚、勾鼻老太婆的陰森印象。在宋代，中國也有一群從事巫術的男覡女巫，他們是什麼人？他們做什麼？「消災解厄」還是「殺人祭鬼」？他們是文明世界的魔法師！

文明叢書 13

解構鄭成功──英雄、神話與形象的歷史

江仁傑／著

海盜頭子、民族英雄、孤臣孽子、還是一方之霸？鄭成功到底是誰？鄭成功是民族英雄、地方梟雄、還是不得志的人臣？同一個人物卻因為解讀者（政府）的需要，而有不同的歷史定位。且看清廷、日本、臺灣、中共如何「消費」鄭成功！

文明叢書 14

染血的山谷——日治時期的噍吧哖事件

康 豹/著

噍吧哖事件,是日治初期轟動一時的宗教反抗,震驚海內外。信徒憑著赤身肉體和落後的武器,與日本的長槍巨砲硬拼,宛如「雞蛋碰石頭」。金剛不壞之身頂得住機關槍和大砲嗎?臺灣的白蓮教——噍吧哖事件。

文明叢書 15

華盛頓在中國——製作「國父」

潘光哲/著

「國父」是怎麼來的?是選舉、眾望所歸,還是後人封的?是誰決定讓何人可以登上「國父」之位?美國國父華盛頓的故事,在中國流傳,被譽為「異國堯舜」,因此中國也創造了一位「國父」——孫中山,「中國華盛頓」。

文明叢書 16

生津解渴——中國茶葉的全球化

陳慈玉/著

喝茶習慣源於中國,茶葉行銷全球後,各地衍生出不同的飲茶文化,尤以英國紅茶文化為代表,使喝茶成為一種生活風尚,並伴隨茶葉貿易的發展,整個世界局勢為之牽動。「茶」與人們的生活、世界歷史的發展如此相互牽連,讓我們品茗好茶的同時,也一同進入「茶」的歷史吧!